纵横家与『合纵连横』

◎ 主编 金开诚

◎ 编著 陈长文

吉林出版集团有限责任公司

吉林文史出版社

图书在版编目（CIP）数据

纵横家与"合纵连横" / 金开诚著 . 一长春：吉
林文史出版社，2011.10（2022.1 重印）
（中国文化知识读本）
ISBN 978-7-5472-0884-7

Ⅰ.①纵… Ⅱ.①金… Ⅲ.①纵横家－基本知识
Ⅳ.① B228

中国版本图书馆 CIP 数据核字（2011）第 209639 号

纵横家与"合纵连横"

ZONGHENGJIA YU HEZONG LIANHENG

主编/ 金开诚 编著/陈长文
项目负责/崔博华 责任编辑/崔博华 梁丹丹
责任校对/梁丹丹 装帧设计/李岩冰 董晓丽
出版发行/吉林文史出版社 吉林出版集团有限责任公司
地址/长春市人民大街4646号 邮编/130021
电话/0431-86037503 传真/0431-86037589
印刷/三河市金兆印刷装订有限公司
版次/2011 年 10 月第 1 版 2022 年 1 月第 4 次印刷
开本/650mm×960mm 1/16
印张/9 字数/30千
书号/ ISBN 978-7-5472-0884-7
定价/34.80元

前　言

　　文化是一种社会现象，是人类物质文明和精神文明有机融合的产物；同时又是一种历史现象，是社会的历史沉积。当今世界，随着经济全球化进程的加快，人们也越来越重视本民族的文化。我们只有加强对本民族文化的继承和创新，才能更好地弘扬民族精神，增强民族凝聚力。历史经验告诉我们，任何一个民族要想屹立于世界民族之林，必须具有自尊、自信、自强的民族意识。文化是维系一个民族生存和发展的强大动力。一个民族的存在依赖文化，文化的解体就是一个民族的消亡。

　　随着我国综合国力的日益强大，广大民众对重塑民族自尊心和自豪感的愿望日益迫切。作为民族大家庭中的一员，将源远流长、博大精深的中国文化继承并传播给广大群众，特别是青年一代，是我们出版人义不容辞的责任。

　　本套丛书是由吉林文史出版社组织国内知名专家学者编写的一套旨在传播中华五千年优秀传统文化，提高全民文化修养的大型知识读本。该书在深入挖掘和整理中华优秀传统文化成果的同时，结合社会发展，注入了时代精神。书中优美生动的文字、简明通俗的语言、图文并茂的形式，把中国文化中的物态文化、制度文化、行为文化、精神文化等知识要点全面展示给读者。点点滴滴的文化知识仿佛颗颗繁星，组成了灿烂辉煌的中国文化的天穹。

　　希望本书能为弘扬中华五千年优秀传统文化、增强各民族团结、构建社会主义和谐社会尽一份绵薄之力，也坚信我们的中华民族一定能够早日实现伟大复兴！

目录

一、纵横家概说 001

二、纵横家代表人物 017

三、纵横元典——《鬼谷子》 049

四、"合纵连横" 093

一、纵横家概说

纵横家指春秋战国时期从事合纵或连横外交运动的政治家、外交家及军事家。古代，纵横最初只是表方向的概念，南北向称为"纵"，东西向称为"横"。到战国时期，演变成政治概念，当时割据纷争，王权不能稳固统一，需要在国力富足的基础上利用联合、排斥、威逼、利诱或辅之以兵法不战而胜，或以较少的损失获得最大的收益。于是，熟悉政治形势，善于辞令和权术,充分利用智谋、思想、手段、策略处理国与国之间问题的纵横家就应时而生。"纵"指"合纵",即合众弱以攻一强;"横"指"连横",即一强连一弱以破获众弱,前者主要以"连"为主,意即如何能用外交手段联合团结,即阳谋多阴谋少;后者主要以"破"为主,意即如何利用矛盾和利益制造裂痕,即阴谋多而阳谋少。

纵横家起于战国时期的齐、秦并强之时,彼时,秦国经过商鞅变法,国力日益强盛,不再甘心居于一隅之地,遂把兼并的矛头指向东方;马陵之战后,齐国代替魏国成了中原地区的霸主。这样,秦、

齐都想"并天下，凌万乘"，不断向中原地
区扩张，使已有的混战局面更为错综复
杂。处在东西二强夹击下的韩、赵、魏三
国为了图谋自存，联合起来并且北连燕、
南接楚、东抗齐或西抗秦，被称为"合
纵"，也就是"合众弱以攻一强"；如果弱
国被齐国或秦国拉拢联合，进攻其他弱
国，就被称为"连横"，就是"事一强以攻
众弱"。到战国晚期，齐被乐毅率领的六
国联军打败后，一蹶不振；长平之战后，
赵国被严重削弱，六国均势局面被打破。

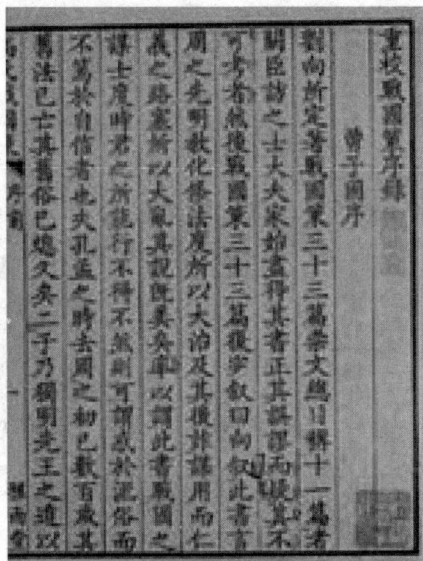

秦国取得了对东方六国的绝对优势,此时合纵连横政策也就包含了新的含义:即东方六国并力抗秦,称为合纵;秦联合东方,联合山东任何一国,形成东西横线,对付其他弱国称为连横。

纵横家的宗师是鬼谷子,其他著名的纵横家有公孙衍、苏秦、张仪、陈轸、楼缓、乐毅、郭隗、邹忌、毛遂、虞卿、甘茂、范雎等人,事皆详于《战国策》。《汉书·艺文志》载,纵横家曾有著作"十二家,百七篇",今皆已亡佚。纵横家文献今存《鬼谷子》十二篇、《战国策》三十三篇,前者多讲揣摩、捭阖之术,疑为后人假托的伪书;后者则是纵横家谋士的策谋和言论汇编,并非系统反映纵横家思想特征的理论著作,但书中充满了雄辩和辩难,呈现出丰富多彩的论辩艺术,展现了纵横家的风采。

《汉书·艺文志·诸子略》云:"纵横家者流,盖出于行人之官。"从渊源上来说,纵横家还可追溯到周初之"行人",即代表天子出使诸侯国的特使。春秋时行人多由贵族阶层的卿大夫担任,或成为固定职务。但战国之纵横家,其中多是并无贵族身份和世袭官爵的人,而是来源于极为活跃的游士阶层,他们凭着自己的言谈、政治主张、策略取得人主的信用,而被委以重任,如江乙、苏秦、张仪、公孙衍、陈轸、苏代、苏厉、冯谖、鲁仲连、范雎、蔡泽等皆如此。也就是说,在春秋时期,"行人"生下来就有地位;而战国时

期的纵横家则多是靠自己的口才、能力而赢得人主的赏识与信用获得官爵和地位的。

事实确实如此,纵横家多出身贫贱。如苏秦出身贫寒,家中以桑板为门,圈树枝条为门枢;张仪身为魏国贵族后裔,但家境比庶民还穷困;范雎更是家贫如洗,小小年纪就得自谋生路。但就是这样一批贫寒之士,以布衣之身游说诸侯,以对

时局的洞察和雄辩之才退百万雄师，以纵横之术解不测之危，成为那个时代的风云人物。苏秦佩六国相印（合纵六国，佩六国相印乃后世策士夸张，苏秦当时是合纵五国，佩齐、赵、燕三国相印），游转于各国君主之间，富贵荣华、名利功德显赫当世。在当时，有"天下之大，万民之众，王侯之盛，谋臣之权，皆欲决于苏秦之策"（《战国策》）的境况；张仪雄才大略，以片言得楚六百里土地，以其如簧之舌，游说韩、齐、赵、燕，破纵连横，使秦国实现了最初的连横蓝图，受秦王三拜相，时人称其"一怒而诸侯惧，安居而天下熄"；唐雎机智勇敢，有胆有识，忠于使命，不畏强权，在魏国灭亡后出使秦国，冒死与秦王抗争，粉碎秦王吞并安陵（魏国属国）的阴谋。如此等等，不一而足。

纵横家论行结交，择主而从，以口舌为武器进行外交对抗，并不争于儒、道、墨、法的思想观点之间，而是着重探究把握人心的方法，探究论说的技巧，总结研究游说中如何能达到预期的效果。他们将谋划、计策、战略、战术等问题的解决之道归之于谈判，认为大至国家，小至个

人福利，无论权威、财富、地位，甚至男女情爱都可以通过谈判来解决，其辩辞具有"攻心"的实用性。纵横家宣传"外事，大可以王，小可以安"（《韩非子·五蠹篇》），认为"从（纵）成必霸，横成必王"（《韩非子·忠孝篇》）。在当时诸侯割据、王权岌岌可危的时代，他们洞悉游说的关键，扬长避短，对"症"下"说"，采用分化、利用、联合等手段，以达到不战而胜，或以较少的损失获得最大的收益为目的。纵横家纵横捭阖、机锋百出的言论，深含权谋之术、霸王之道、用人之

法和处世之策。他们多长于谋略，参与国家的政治决策；精于用兵之道，常常介入军事活动，乃至亲自率军队攻伐其他国家；对于外交和诸侯国事务有广泛和深切的了解，富于辞令，又擅言辩。可以说，作为纵横之士，须知大局，善揣摩，通辩辞，会机变，全智勇，长谋略，能决断。

纵横家驰骋诸国，显赫当时，受命之后，可以自主采取有效办法而不受当权者制约以完成使命。《汉书·艺文志·诸子略》说："言其当权事制宜，受命而不受辞。此其所长也。及邪人为之，则上诈谖

而弃其信。"这既说明了纵横家的权力之
大,又指出纵横家亦正亦邪的特征。纵横
家确实有为达目的不择手段的一面,他们
折冲樽俎,八面玲珑,巧舌如簧,"翻手
为云,覆手为雨",以巧舌、诈骗、诱饵、
陷阱等手段捞取好处,操纵时局。苏秦
先主张连横,游说秦国,失败;继而他改
为主张合纵,游说赵国,并成为六国之
相。秦相张仪到楚国行骗说,如果楚能
够与齐绝交,秦答应给楚"商於之地六百

里"。可是待楚国与齐国真的断交后,张仪则对土地之事矢口否定。纵横家就是这样朝秦暮楚,事无定主,反复无常,进行政治投机。

在诸子百家中,纵横家可以说是最积极入世的一家。他们极富进取精神,从产生之初就积极干预社会政治生活,参与百家争鸣,活跃于战国舞台,其思想和活动对当时的政治、军事局势产生了重要的影响。汉代刘向在《战国策书录》中说:"是以苏秦、张仪、公孙衍、陈轸、苏代、苏厉之属,生纵横长短之说,左右倾倒。苏秦为从，张仪为横。横则秦帝，从则楚王，所在国重，所去国轻。"此评可谓中肯。《汉书》还著录纵横家有西汉的蒯通、邹阳、主父偃、徐乐等人的书，可见西汉前期，纵横家之风犹有存者。从文化史的角度来看，纵横家的外交政治思想影响深远，直到今天，国人往往用"折冲樽俎"这个成语作为"外交政治"的代名词。

二、纵横家代表人物

（一）鬼谷子

鬼谷子，生卒年不详，姓王名诩，战国时代卫国（今河南鹤壁市淇县）人。常入山采药修道，因隐居鬼谷，故自号鬼谷先生。然鬼谷何地，记载颇多，众说纷纭。一说扶风池阳（关内云阳，今陕西泾阳县和三原县之间）；一说雒州城北（今四川广汉县北）；一说颖川阳城，即唐代的告城（今河南登封县东南白沙水库附

近）。鬼谷子长于持身养性和纵横术，精通兵法、武术、奇门八卦，为纵横家之鼻祖，杰出的军事家，游说理论的奠基者和传播者。而在中国民间传说中，鬼谷子被描绘成能撒豆成兵、呼风唤雨、预知吉凶、妙手回春的神仙。

史载鬼谷子曾任楚国宰相，后归隐卫国授徒，苏秦、张仪、孙膑、庞涓为其弟子。鬼谷子既有政治家的六韬三略，又擅长于谋略家的纵横之术；既有仙家的神秘、隐者的逸气，又有学者的理智、智者的辩术，更兼有阴阳家的祖宗衣钵、预言家的江湖神算，所以世人称鬼谷子是一位奇才、全才。鬼谷子系统总结了战国时代游说之士从事纵横外交、出谋划策的理论、策略和方法，集纵横术（即外交游说学说）之大成，编著写成《鬼谷子》一书，又称《捭阖策》，成为纵横家经典著作。经由苏秦、张仪等用之实践，建功立业，终使鬼谷子纵横学说名显当世。

人们对鬼谷子褒贬不一，贬之者如汉扬雄在《法言·渊》中称他是"诈人也，圣人恶诸"，唐柳宗元谓其"妄言乱世"，"学者宜其不道"，宋王应麟称其为"妾妇之道，是皆五经之弃也"，明朝的宋濂斥之为"蛇鼠之智"。而褒之者亦大有人在。如高似孙誉他为"一代之雄"，刘勰在《文心雕龙·论说》中称赞他说："《纵横》骋其巧辞，《成事》伏其精术。一人之辞，重于九鼎之宝，三寸之舌，强于百万之师。"

（二）公孙衍

公孙衍，战国时魏国阴晋（今陕西华阴市东北）人。曾仕魏，任犀首，人因以"犀首"称之，《史记集解》引司马彪曰："犀首，魏官名，今虎牙将军。"犀首当是武职。公孙衍和张仪齐名，在秦国为官，是张仪连横策略的主要对手，但传下来

的事迹不多,《史记》有公孙衍传,系附于张仪传,《战国策》也只有零星记载。

公孙衍早年生平不详,于秦惠文王五年(前333年)在秦为大良造。大良造在战国初期时,是秦国的最高官职,掌握军政大权。公孙衍不负重托,次年,受秦王之命,赴齐国和魏国,劝两国联合攻赵而大败赵国,使诸侯不至于合纵而抗秦。两年之后,又亲率秦军攻魏于雕阴(今陕西甘泉县南),大败魏将魏军,魏将龙贾被俘,此后,魏不得不尽割河西之地于秦。

　　公孙衍在秦四年后，张仪由赵国西入秦国，凭借出众的才智不久被秦惠王任为客卿，筹划谋略攻伐之事。次年，秦国仿效三晋的官僚机构开始设置相位，称相邦或相国，张仪出任此职。公孙衍受到冷落，就离开秦国投向魏国。魏惠王任用公孙衍为犀首。这时恰逢楚国攻打魏国，魏惠王派公孙衍领兵迎战。公孙衍率兵迎战楚军，虽然打败了楚威王的军队，但魏军也伤亡惨重，疲惫不堪。秦国趁势又迫使魏国将西河之外上郡十五县割让给秦国。因魏国国力衰退，公孙衍就图谋拉拢其他国，联合出击取胜，在公元前

325年与齐国大将田朌合手打败赵国大将韩举、赵护于平邑（今河南省南乐县西北）、新城。

公元前325年，秦惠文王在张仪的怂恿下正式称王。秦王还派张仪游说齐国和楚国，并于两年后约齐、楚大臣会于啮桑（今江苏沛县西南）。公孙衍看清了张仪的连横策略，就游说魏、韩、赵、燕、中山五国，鼓动"五国相王"，行合纵之策以联合抗秦，后赵、燕、中山相继称王。秦连横之策未能奏效，张仪也被免去相国。但不久，楚国就派兵伐魏，公孙衍的策略受到挫折，魏相惠施因联合齐、楚失败而被驱逐。

公元前322年，张仪相魏。公孙衍设法取得韩国当权者的支持，破坏了张仪联合秦魏的政策。公元前319年，魏国驱逐张仪回秦，并争取各国合纵对付秦国，公孙衍由魏将升任魏相邦，同时惠施也回国，合纵形势又形成。公元前318年，

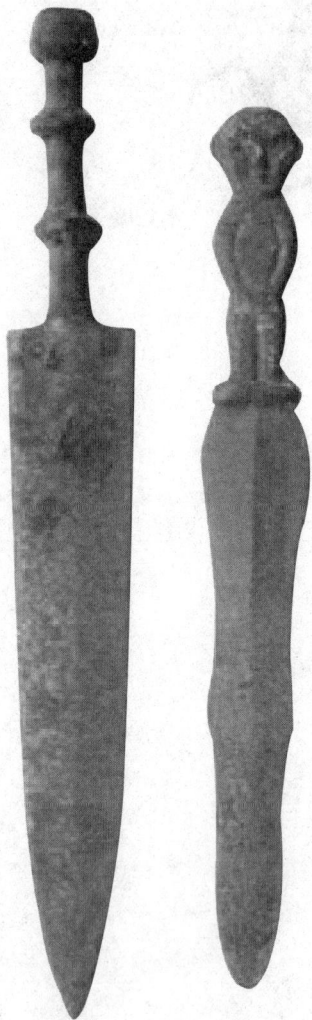

魏、赵、韩、燕、楚合纵攻秦，公孙衍佩五国相印，为约长。西戎义渠君曾朝魏，公孙衍就趁机劝告义渠君加强对秦的警惕。他说，如中原无事，秦就要对你们烧杀掠夺；如果中原有事，秦将使重币去同你们交好。恰巧这个时候，秦以文绣千纯、美女百人，遗义渠君。义渠君集合群臣议论这件事。义渠君说，这就是公孙衍当年所说的那话了。于是也起兵袭秦，大败秦人。五国联军进军顺利，但在函谷关一战受挫，五国纷纷退兵。虽然失败，但声势烜赫一时。司马光引用《孟子·滕文公》说："公孙衍、张仪岂不大丈夫哉，一怒而诸侯惧，安居而天下熄。"可见公孙衍在当时的影响之大。

（三）张仪

张仪（？—前309年），战国时著名的纵横家、政治家。《战国策》记载张仪与苏秦是相对立的一纵一横，互相著文攻击对方，这和史实不符。后来司马迁受此影响，在《史记·张仪列传》中将张仪和苏秦列为同时之人。据考证，张仪在前，苏秦在后，和张仪同时的是公孙衍、惠施、陈轸等人。苏秦是张仪死后才在政坛上崭露头角的。《史记》记张仪的年代基本正确，而把苏秦的经历提早了约三十年。《汉书·艺文志》纵横家类有《张子》十篇，汇集了张仪的作品或和他有关的材料，今已亡佚。

张仪本是魏国贵族后裔，曾师从鬼

谷子学纵横之术。公元前329年，张仪来到秦国，被秦惠文王拜为客卿，直接参予谋划讨伐诸侯的大事。这时公孙衍担任秦国的大良造。公元前328年，张仪与公子华带兵攻打魏国，一举拿下魏国的蒲阳城。张仪乘机推出连横战略，建议秦王把蒲阳归还魏国，并且派公子繇到魏国去做人质，而他利用护送公子繇入魏的机会与魏王接近，游说魏王投靠秦国。张仪向魏王指出，魏国处于各国包围之中，地势平坦，无险可守，只有依靠秦国，才能保证安全。在张仪软硬兼施威逼利诱之下，魏王终于背弃合纵之约，秦魏和好，张仪的连横政策首战告捷。

张仪回到秦国，立即被秦王提拔为相，公孙衍因得不到重用遂离秦奔魏。公元前326年，惠文王任命张仪为将，率兵攻取魏国的陕，并将魏人赶走，同时在上郡筑关塞。这一事件引起魏国的极大惶恐，于是接连两次与齐威王相会，企图依

靠齐国对抗秦国。由于张仪从中挑拨离间，又极力为秦国拉拢齐国和楚国，齐国不仅不帮助魏国，反而与楚国共同打击魏国。由秦归魏的公孙衍趁机发动"五国相王"，使魏、韩、赵、燕、中山五国互相尊重，同时称王，结成联盟，借以增强魏国的防御力量。楚国却迎头给魏国浇了一盆冷水，就在"五国相王"的当年，发兵攻魏，在襄陵大败魏军，占领了八个城邑。由于齐、楚的破坏，五国相王没有达到预期效果，因而魏惠王更加憎恨齐、楚二国。张仪代表秦国却又采取了更为狡猾的手段：公元前323年，张仪约集齐、楚、魏三国执政大臣在啮桑相会，试图为魏国调停，以讨好和拉拢魏国。魏惠王在此后果然放弃公孙衍的合纵政策，接受了张仪的联合秦、韩以对付齐、楚的政策。次年，魏太子和韩太子入秦朝见。

为了使魏国进一步臣服于秦国，张仪于公元前322年辞掉秦国相位，前往魏国。魏王因闻其名，立即用他为相。张仪寻机为秦国拉拢魏王，向魏王献策：魏国地势平坦，南临楚国，西接韩国，北依赵国，东靠齐国，属于四战之地。魏国如果

不事秦国，秦国出兵攻打黄河以南，夺取阳晋，那么赵国不能向南支援魏国，魏国也不能向北联系赵国，这样合纵联盟的通路就断了，魏国就危险了。如果秦国说服韩国一致对付魏国，魏国可能会倾覆。而如果魏国归顺秦国，楚国、韩国一定不敢乱动，魏国就一定没有忧患了。魏王思量再三，最终向秦表示归顺。

张仪在魏国担任了四年相国，于公元前318年又回到秦国，秦惠文王仍然起用他为相。公元前313年，张仪出使楚国。当时，齐是东方的强国，楚则虎视于南方，齐楚联盟成了秦国的心腹之患，离间齐楚联盟也就成了张仪的出使目的。晋见楚怀王时，张仪说道，当今七雄之中，以秦、楚、齐最为强大，如果楚国与秦国联盟，则楚国就比齐国强大；反之，如果齐国先与秦国联盟，则齐国就比楚国强大。所以，楚国最好的出路就是与秦联盟。他又许诺在楚国与齐国断交，同秦国结盟

之后，秦国会把商於六百余里土地归还楚国。楚怀王果然中招，不顾陈轸等人的反对，授张仪相印，与齐国断交。

随张仪到秦国商讨接受赠地的特使到秦国后，张仪称病三月不上朝，楚怀王得不到土地，以为秦嫌楚与齐断绝关系不够坚决，因此特派人去辱骂齐王。齐王大怒，一面与楚彻底断交，一面派人入秦与秦王商议共同伐楚。目的达到，张仪出见楚国使者，告诉他"从某至某，广袤六里"送给楚国。楚怀王大骂张仪出尔反尔，盛怒之下，派大将军屈匄与稗将军逢侯丑等率军十万进攻秦国。

公元前312年，楚国与秦齐大战于丹阳，却被齐秦联军击败，折兵八万，汉中郡也被秦夺走。楚怀王不甘失败，又倾全国之兵攻秦，由于孤军深入，楚继败于蓝田，只好再割两座城池与秦国讲和。公元前311年，楚秦谈判，秦王提出用商於之地换取楚国黔中之地，楚怀王对张仪耿耿于怀，竟然答复，只要得到张仪并亲自诛之，愿将黔中之地奉送。张仪不顾个人安危，欣然赴楚。他买通宠臣靳尚和楚怀王夫人郑袖，使楚怀王改变了对自己的态度。之后，他向楚怀王提出，他可以向秦王建议不要黔中之地，两国太子互为人质，长久作为兄弟邻邦，永世互不攻伐。楚怀王连连点头称是，马上同意与秦和好。就这样，齐楚两国背离了合纵与秦国结盟。

张仪接着又出使韩国，游说韩王道，秦军数倍于韩国军队，战车千辆，战马万匹，士兵不戴头盔，赤膊上阵，作战勇

猛。秦国的士兵跟山东各国士兵相比，就如大力士对战婴儿，不可相提并论。韩国如不归顺秦国，秦国将出兵占据宜阳，隔断韩国的上地，东进夺取成皋、荥阳，那么鸿台的宫殿、桑林的苑囿将会丧失，国土也会被分割，所以韩国应该归顺秦国。韩王听后表示与秦通好。

张仪返秦后，秦惠文王念其功劳卓著，遂封其为武信君，并赐封给他五座城邑。张仪又依次到齐国、赵国、燕国，奔走游说，破纵联横，终于实现了他最初的连横蓝图。其后不久，秦惠王死亡，其子荡即位，称武王。武王自幼厌恶张仪，张仪怕大祸迟早降临，出逃魏国，并出任魏相。公元前310年，张仪病死。

张仪运用纵横之术，游说于魏、楚、韩等国之间，不仅使秦国在外交上连连取得胜利，而且帮助秦国开拓了疆土，为后来秦灭六国，统一天下立下了汗马功劳。作为纵横家的一代鼻祖，张仪高超的

智谋和说辩之术为后世称道。

（四）苏秦

苏秦（约前337年—前284年），字季子，战国时期韩国洛阳（今洛阳东郊太平庄一带）人。

苏秦出身农家，素有大志，曾随鬼谷子学习纵横捭阖之术多年。学成之后出游数载，备受挫折，一无所成，以致"黑貂之裘弊，黄金百斤尽，资用乏绝，去秦而归，羸縢履屩，负书担橐，形容枯槁，面目黧黑，状有愧色。归至家，妻不下纴，嫂不为炊，父母不与言"。苏秦感叹说："妻不以我为夫，嫂不以我为叔，父母不以我为子，皆秦之罪也！"于是，他闭室不出，博览群书，相传他苦读太公《阴符》之时，每逢困乏欲睡，便用锥自刺其股。这是成语"悬梁刺股"中"刺股"典故的由来。

自觉可以游说当世之君后，苏秦先去游说周显王、秦惠王、赵肃侯，皆不为所用。苏秦又去燕国游说，晋见燕文侯时，他分析道：燕之所以能够安乐无事，不受到强秦的侵犯，是因为南面有赵国作屏障。秦要攻燕，必须经过赵而跋涉千里，赵要攻燕，不需百里即抵燕都。赵国之所以不攻打燕国，全因为强秦在后面牵制。所以，"夫不忧百里之患而重千里之外，计无过于此者。是故愿大王与赵从亲，天下为一，则燕国必无患矣"。苏秦的话打动了燕文侯的心，于是燕文侯派他

带金帛去赵国游说。

苏秦来到赵国之后,便以燕国使者的身份晋见赵侯。他向赵侯指出,秦国强大,早就有入侵中原之念。凭各国的实力,都难以单独抵抗强秦,如若各国都争相讨好秦国,将来势必被秦国各个击破。若各国联合,则"诸侯之地五倍于秦,料度诸侯之卒十倍于秦,六国为一,并力西乡而攻秦,秦必破矣",若秦国攻一国而各国援助,"六国从亲以宾秦,则秦甲必不敢出于函谷以害山东矣"。这

样，就能成就霸王之业了。因此，苏秦请赵侯出面倡议六国合纵抗秦。赵侯当即就采纳了他的建议，拜苏秦为相国，"饰车百乘，黄金千镒，白璧百双，锦绣千纯，以约诸侯"。

苏秦遂又以赵国使者的身份，去其余各国说以利害。苏秦去游说韩宣王，认为韩国北部有坚固的巩邑、城皋，西部有宜阳、商阪的要塞，东有宛、穰、洧水，南有陉山，区域纵横九百多里，武装部队有几十万，可谓兵强马壮，兵器精良，"以韩卒之勇，被坚甲，跖劲弩，带利剑，一人当百，不足言也。夫以韩之劲与大王之贤,乃西面事秦,交臂而服,羞社稷而为天下笑,无大于此者矣"。凭着韩国兵力的强劲和大王的贤明,却拱手而臣服秦国,实在招致天下人耻笑。而韩国事秦,就要割让土地,拿有限的土地,去换取秦国贪得无厌的索取,终会招致灭国。俗话说:"宁为鸡口,毋为牛后。"韩国向西拱手臣服,就是甘为牛后之举。韩宣王听后,表示决不侍奉秦国,并"敬奉社稷以从"。

苏秦又去游说魏襄王,说魏国国土虽然狭小,但是人口稠密,车马众多,日夜行驰,络绎不绝,轰轰隆隆,好像有三军人马的声势,国势和楚国不相上下,却"有意西面而事秦,称东藩,筑帝宫,受冠带,祠春秋",实在令人感到羞耻。如果奉事秦国,必然要割让土地来表示自己的忠诚,因此,还没动用军队,国家却已亏损了。而如果"六国从亲,专心并力一意,则必无强秦之患"。魏襄王觉得

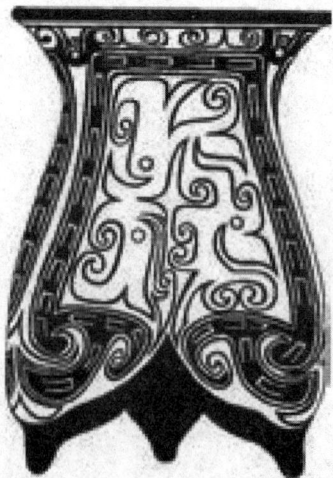

言之有理，也参加合纵。接着，苏秦又以韩、魏存亡关乎齐国说服齐宣王，合纵相亲可孤立秦国而利于楚说服楚威王。这样，六国合纵成功，同心协力了。

苏秦北上向赵王复命，途经家乡洛阳，随行的车辆马匹满载着行装，各诸侯派来送行的使者很多，气派如帝王一般。苏秦"父母闻之，清宫除道，张乐设饮，郊迎三十里。妻侧目而视，倾耳而听。嫂蛇行匍伏，四拜自跪而谢"。苏秦见此情景不禁问："嫂何前倨而后卑也？"其嫂回答："以季子之位尊而多金。"面对世间人情冷暖，苏秦感慨地叹息说："嗟呼，贫穷则父母不子，富贵则亲戚畏惧，人生世上，势位富贵，盖可忽乎哉！"于是散千金以赐宗族朋友。

约定六国联盟之后，苏秦回到赵国，赵侯封他为武安君。不久之后，六国国君于赵国洹水（今河南境内）之上，歃血为盟，合纵抗秦，苏秦为"从约长"，佩六国

相印。在当时六国，出现了"不费斗粮，未烦一兵，未战一士，未绝一弦，未折一矢，诸侯相亲，贤于兄弟"的空前盛况，从此秦国不敢窥伺函谷关以东的国家，长达十五年之久。

后来，秦惠文王用软硬兼施的方法引起六国之间的相互猜疑，以拆散合纵。他先归还了从魏国夺来的几座城池，又将女儿嫁给了燕国太子。于是，魏、燕两国同秦国和好起来。六国联盟开始松动，为平息这场同盟中的"内乱"，苏秦先来到燕国，此时，燕文侯已死，太子即位，是为燕易王。齐宣王趁着燕国发丧之机攻打燕国，连克城池十余座。燕王便以齐国归还城池为条件，命苏秦以"从约长"的身份出使齐国。如若齐国归还城池，燕国便同秦国断绝来往。

苏秦来到齐国晋见齐宣王，先行祝贺之礼，接着又行哀悼之礼。齐宣王不解，问其原因。苏秦道："饥饿的人，宁愿

饥饿也不吃乌头这种有毒的植物，是因为它越是能填满肚子，就越是和饿死的灾祸没有区别。燕和秦是联姻之国，齐国占领燕国的城池就等于是与强秦结下了仇怨。齐国实在是大难即将临头。"齐宣王闻言愀然变色，忙向苏秦请教解危之法。于是苏秦就建议齐宣王归还夺来的城池，这样燕王喜欢，秦王也一定会高兴。齐宣王认为很对，归还了燕国的十座城池。

回到燕国之后，苏秦受到封赏，却招来诽谤："左右卖国反覆之臣也，将作乱。"苏秦恐怕被杀，就假装得罪燕王，逃到齐国。齐宣王任他为客卿，但苏秦仍忠于燕，暗中为燕效劳。齐宣王去世后，湣王即位，苏秦"说湣王厚葬以明孝，高宫室大苑囿以明得意"，其实是打算使齐国破败，从而有利于燕国。齐国大夫中有许多人和苏秦争宠，因而派人刺杀苏秦。苏秦身负重伤逃跑。齐王派人捉拿凶手，

然而没有抓到。苏秦临终之时，向齐王建议，在他死之后，以大罪车裂于市，并悬赏行刺之人，这样就一定能抓到刺客。齐王依计行事，果然不久刺客就伏法就诛。

苏秦一生致力于合纵之业，游说诸侯国君，讲究机谋权变，成为与张仪齐名的纵横家。在当时，有"天下之大，万民之众，王侯之盛，谋臣之权，皆欲决于苏秦之策"的境况。司马迁评价他说："夫苏秦起闾阎，连六国从亲，此其智有过人者。"

（五）范雎

范雎（？—前255年），一作范且，字叔，人们尊称他为"范子"、"应侯"，战国时魏国（今河南开封）人。著名政治家、军事谋略家。范雎是张仪之后连横家中最为杰出的人物，也是颇具传奇色彩的人物。他同商鞅、张仪、李斯先后任秦国丞相，对秦的强大和统一天下起到了重大作用。

范雎早年家境贫寒，虽有满腹经纶，但因家贫无资可通门路，只好暂时投靠魏国中大夫须贾的门下。公元前270年，须贾奉命出使齐国，范雎有幸作为随从。此行的目的是想化解因为参加五国联军攻打过齐国，并逼死了齐湣王的怨恨。到齐国后，齐襄王严厉质问，懦弱无能的须贾一时哑口无言。这时，范雎挺身而出，严正指出："攻打齐国是因为齐湣王骄暴无厌，五国同仇，岂独魏国？现在大王承继宝座，应思重振齐桓公、齐威王的伟业，如果斤斤计较齐湣王时的恩恩怨怨，但知责人而不知己过，恐怕又要重蹈齐湣王的覆辙了。"齐襄王一听，怒气顿消，并给予范雎赏赐。然而，须贾为人心胸狭隘，嫉贤妒能，向魏相魏齐诬告范雎通齐卖魏，范雎下狱，几乎被鞭笞致

死。后来，范雎买通了看守，谎称已经死去，逃出了地狱。后在好友郑安平的帮助下，易名张禄，潜随秦国使者王稽入秦。

公元前270年，秦在丞相魏冉的坚持下跨越韩、魏去攻打齐国的刚、寿二地。范雎得以见秦昭襄王，提出了"远交近攻"的策略，指出"不如远交而近攻，得寸则王之寸也，得尺亦王之尺"，抨击穰侯魏冉越过韩国和魏国而进攻齐国的做法。他主张，将韩、魏作为秦国兼并的主要目标，同时应该与齐国等保持良好关系，继而消灭赵、楚诸国，最后灭齐，统一天下。这一战略思想为秦最后统一中国奠定了战略基础，范雎被拜为客卿，参与国家大政，主持兵事。两年后，昭王用范雎谋，派五大夫涫伐魏，攻克怀，两年后攻克邢丘。

自秦昭襄王即位后，以宣太后为中心，形成了穰侯、华阳君、泾阳君和高陵君等宗亲贵室势力，他们专权专利，其私

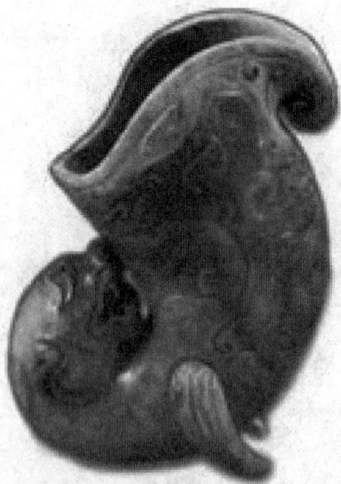

家富有甚至超过了王室，使昭王如芒刺在背，有苦难言。范雎又提醒昭王，秦国的王权太弱，需要加强王权。他向秦昭襄王奏议道："臣居山东时，闻齐只有孟尝君，不闻有齐王；闻秦有太后、穰侯，不闻有秦王。夫擅国之谓王，能利害之谓王，制杀生之威之谓王。今太后擅行不顾，穰侯出使不报，华阳、泾阳等击断无讳，高陵进退不请。四贵备而国不危者，未之有也。为此四贵者下，乃所谓无王也。然则权安得不倾，令安得从王出乎？臣闻善治国者，乃内固其威而外重其权。"接着他又进一步指出:"今穰侯内仗太后之势,外窃大王之重,用兵则诸侯震恐,解甲则列国感恩,广置耳目,布王左右,恐千岁万岁后,有秦国者,非王之子孙也!"秦昭襄王遂废太后,罢免了穰侯魏冉的相位,并将国内四大贵族赶出函谷关外,拜范雎为相,封于应(今河南宝丰西南),号为应侯。范雎的"固本削枝"的策略从根本上促进了从封建割据走向大一统,推动了历史的进步。

公元前262年,秦国攻打韩国的上党,与兴起的赵国发生长平之战。秦兵虽然勇武善战,但赵军老将廉颇行军持重,坚筑营垒,坚守不动。两军对垒三年后,范雎于前260年成功地以反间计使赵国起用赵括代廉颇为将。赵括虽为名将之后,也精通兵书,但只限于纸上谈兵,不会灵活运用。他采取急攻冒进的军事策略,被秦军重重围困。秦将白起大破赵军,射杀赵括,并坑杀40万赵兵。

长平战后，范雎妒忌白起的军功，借秦昭襄王之命迫使白起自杀。此后秦军乘胜追击，围困赵国都城邯郸，韩国摇摇欲坠。但是，公元前259年秋，魏国派信陵君援赵，郑安平兵败降赵。公元前255年，王稽也因通敌之罪被诛。范雎因此失去秦昭襄王的宠信，于是推举蔡泽代替自己的位置，辞归封地，不久病死。

范雎相秦十余年，作为一代名相，上承孝公、商鞅变法图强之志，下开秦皇、李斯统一帝业，对秦国的历史发展起到了继往开来的推动作用。后来，李斯在《谏逐客书》中高度评价范雎对秦国的建树和贡献："昭王得范雎，强公室，杜私门，蚕食诸侯，使秦成帝业。"

三、纵横元典——《鬼谷子》

（一）简介

《鬼谷子》是对纵横家游说经验的总结和提炼，是战国时期纵横学派流传下来的唯一一部子书。同中国古代许多著名典籍一样，《鬼谷子》一书长期真伪莫辨，现在仍然处于扑朔迷离之中。《鬼谷子》虽然在两汉时已为刘向《说苑·善说》征引，西晋时已有皇甫谧为之注释，但在漫长的历史岁月中，难免辗转传抄，

删改附益，以致衍脱错讹，甚而篇章亡佚。《鬼谷子》的版本，常见者有道藏本及嘉庆十年江都秦氏刊本。

现存《鬼谷子》分为上、中、下三卷，上卷含《捭阖》、《反应》、《内揵》、《抵巇》四篇。中卷含《飞钳》、《忤合》、《揣》、《摩》、《权》、《谋》、《决》、《符言》八篇，另有《转丸》、《胠乱》二篇，亡佚已久。上中卷共十四篇，实存十二篇，主要讲纵横术的预测术、说辩术、决策术及哲学原理。下卷（又称"外篇"）包括《本经阴符》七篇：《盛神》、《养志》、《实意》、《分威》、《散势》、《转圆》、《损兑》，另有《持枢》、《中经》，共九篇。这九篇无论体制与内容，都有异于上、中两卷，并且杂有较为浓厚的道家及道教色彩，还有佛家语的引用，当为后人伪作窜入，大约出现于佛教盛行之后的东汉末至西晋初。下卷主要讲纵横术的练养方法和人际相处、相争的权术。

　　《鬼谷子》为纵横家提供了一套理论和方法，铸就了纵横家的基本思想，有"纵横元典"之称。《鬼谷子》以"变动阴阳"、"万物纵横"之"道"为总原则，具体论述了游说、权谋、为君、用人、处世等方面的策略和技巧。《鬼谷子》吸收了道家的"道"、"无为"、"反"等观念，进行了大胆的改造，把道家的"贵柔"原则逐步改造成具有功利主义色彩的"主阴"的原则，即在隐秘之中，强调人为、强调主动、强调"有为"和进取，鼓吹通过人为努力，可以改换事物的阴阳形态，改变事物的发展方向，进而左右社会局面。鬼谷子崇尚权谋，主张君臣上下之间相互都可以运用权术，主张可以择主而事，甚至主张下级可以取代君主。《鬼谷子》对游说言辞的修辞探索，对策士的内心修养论述，对天道人道合一的见解，对纵横家心法技巧的阐述，对纵横谋略的精妙诠释，都显示了鬼谷学说的奇妙智

慧。《鬼谷子》一书立论高深幽玄，在思想领域独树一帜，影响深远。

（二）思想内容

1.捭阖之道

"捭"是打开的意思，"阖"是闭合的意思。《鬼谷子》阐述"捭阖"之道，借用道的学说和"阴阳"概念，作为纵横谋略的哲学依据，并系统推广和运用于社会政治、军事外交、游说论辩。《捭阖》

开篇说："粤若稽古，圣人之在天地间也，为众生之先。观阴阳之开阖以命物，知存亡之门户，筹策万类之终始，达人心之理，见变化之朕焉，而守司其门户。"意即圣人作为阴阳开阖之道的体现者，通过观察阴阳的变化来对事物做出判断，揭示事物变化的征兆。鬼谷子还说，"阳动而行，阴止而藏；阳动而出，阴随而入；阳还始终，阴极反阳"，"益损、去就、倍反，皆以阴阳御其事"。以阴阳理念来统率万物，鬼谷子根据阴阳之道而推演出

捭阖之道,"捭阖者,天地之道。捭阖者,以变动阴阳,四时开闭以化万物;纵横、反出、反复、反忤必由此矣"。这就是说,一切阳刚的进取的举动和事物,都称为"捭",即哲学上的"阳";一切阴柔的退让的举动和事物,都称为"阖",即哲学上的"阴";开启闭合是天地自然法则,开启闭合促使阴阳变动转化。

捭阖之道是《鬼谷子》一书的核心。天地阴阳的道理,就是纵横游说的法则,其他如《反应》、《内揵》、《抵巇》、《飞钳》、《忤合》、《揣》、《摩》、《权》、《谋》诸篇,都是阴阳开合原则的体现,游说的言说、沉默,世间的富贵荣耀、贫穷低贱等,都是因阴阳开合而表现其始终的:"捭之者,开也,言也,阳也。阖之者,闭也,默也,阴也。阴阳其和,终始其义。故言长生、安乐、富贵、尊荣、显名、爱好、财利、得意、喜欲,为'阳',曰'始'。故言死亡、忧患、贫贱、苦辱、

弃损、亡利、失意、有害、刑戮、诛罚，为
'阴'，曰'终'。诸言法阳之类者，皆曰
'始'，言善以始其事；诸言法阴之类者，
皆曰'终'，言恶以终其谋。捭阖之道，以
阴阳试之。"从游说的角度看，"捭"就是
公开说出自己的意见，并引发对方说出
意见；"阖"就是保持沉默，让对方先说
出他的意见。

遵循捭阖之道，首先应区别对待各
种人，各投其好、各致其喜、各顺其欲，
以得其意、御其情、制其心。这就需要把
握游说对象的有无与虚实，分析各自的
嗜好和欲望，以"审定有无，以其实虚，
随其嗜欲，以见其志意"，从而灵活决
定自己的策略，做到"离合有守，先从其
志"。同时，还必须做到周详而隐秘，"即
欲捭之贵周，即欲阖之贵密"。其次，要
把握开启和闭合的适度和统一，《捭阖》
篇说："捭阖者，道之大化，说之变也。必
豫审其变化。口者，心之门户也。心者，

神之主也。志意喜欲，思虑智谋，此皆由门户出入。故关之捭阖，制之以出入。"就是说，捭阖体现出万物运行的规律，人们必须首先慎重地考察这些变化，做到"阴阳其和，终始其义"。此外，采取捭阖手段，必须针对不同的对象，鬼谷子依品性把人分为阴、阳两种："夫贤不肖、智愚、勇怯、仁义有差，乃可捭，乃可阖，乃可进，乃可退，乃可贱，乃可贵，无为以牧之。人之品性贤、智、勇、仁义者为阳，不肖、愚、怯、不仁义者为阴。"游说品

性为"阳"的对象时要注意多用阳言，以
致崇高之辞，阐崇高之意；而游说品性为
"阴"的对象时要注意多用阴言，以用卑
小之辞、言卑小之意，即"与阳言者，依崇
高；与阴言者，依卑小"。

2.游说之技

《反应》、《内揵》、《飞钳》三篇
分析游说的方法，是捭阖之道的具体体
现。

《反应》篇主要讲如何通过反复观
察、了解、辩说，准确地掌握对方的反

应，以便紧紧抓住对方。"反"的本义是把一个东西翻转过来，引申为"返回"、"反复"、"反面"、"反而"等含义；"应"的含义是应和。《反应》篇说："古之大化者，乃与无形俱生。反以观往，覆以验来；反以知古，覆以知今；反以知彼，覆以知己。""大化"是指一种混沌世界的演化机制，即由"无形"经"大化"而为"有形"世界。类似于道家的"有生于无"的世界本源论。"反"用以观察过去、知晓古代、知悉对方，"覆"用以验知未来、了解当今、知察自身。在游说中，如果言辞与对方不合，可以以反复之术的运用，探求对方的反应，"言有不合者，反而求之，其应必出"。这种通过历史与现实、主体与对象的位置互换的所谓"反覆"方法，是一种典型的经验思维模式，往往要经过多次反复才能完成。运用"反覆"之术，要注意以下几点：

（1）"因其言，听其辞。"《反应》

篇说："人言者，动也；己默者，静也。因其言，听其辞。"意思是说，要善于诱导对方发言，静听对方的发言，反复推敲，掌握真实情况。至于如何诱导对方，《反应》篇提出用象征之类的具体形象的语言去阐述抽象的事理，所谓"象其事"；也可以通过可供类比的先例使对方信服，所谓"比其辞"。借助于这种"象"、"比"方式，可以不露痕迹、恰当地诱导对方说出实情（"钓语"）。

（2）欲擒故纵，以柔克刚。《反应》篇说："欲闻其声，反默；欲张，反敛；欲高，反下；欲取，反与。"即想要讲话，反而先沉默；想要敞开，反而先收敛；想要升高，反而先下降；想要获取，反而先给予。这是一种欲擒故纵的游说方法。

（3）"自知而后知人"。《反应》篇说："故知之始己，自知而后知人也。"意思是说，善于审己度人，知己觉人。要了解别人，首先必须了解自己，只有自己首

先确定策略,并使策略不暴露,让旁人摸不着头脑,方能达到为所欲为的境界。这就是说,"己不先定,牧人不正,是用不巧,是谓忘情失道。己审先定以牧人,策而无形容,莫见其门,是谓天神"。

纵横家游说的主要对象是国君,所以如何取得国君的宠信极为重要。《内捷》篇讲的就是向君主进献说辞,内结于君,求得固宠与坚信,君臣关系就像门栓和门、钥匙和锁一样紧密无间。所谓"内",是指从内心与君主沟通;"捷"通"楗"(门栓)、"键"(钥匙),是紧密结合的意思。君臣之间的关系复杂微妙,

耐人寻味。有的"远而亲，近而疏"，即距离遥远却很亲密，距离近却很疏远；有的"就之不用，去之反求"，即主动积极地去投靠国君，却不得重用，可是离开之后，国君反而产生了渴求；有的"日进前而不御，遥闻声而相思"，即有的臣子天天在君主眼前却不被信任，而有的距离君主遥远却被思念。因此，君臣关系的融洽与否，是有原因的："故远而亲者有阴德也，近而疏者志不合也；就而不用者策不得也，去而反求者事中来也；日进前而不御者施不合也，遥闻声而相思者合于谋，待决事也。"

因此，要想取得君主的信任，首先，要做到"得其情"，即知晓君主的意图。如果所办的事情不合君主之意，那是因为对君主的意图还有不了解的地方。如果与君主的意见一致而仍不能密切结合，那是因为只停留于表面。如果与君主的意见很难吻合，那是很难为其进行谋划的。因此，在情况还没有明朗之前就去游说，必定会事与愿违；在还未掌握实情的时候就去游说，定要受到非议："不见其类而为之者，见逆；不得其情而说之者，

见非。"其次，要"揣切时宜"，即"方来
应时，以合其谋"。这就是说，以纵横之
术向国君"进说辞"，务必顺应时宜，合
于君心。如果有所不合，就决不可勉强施
行，而应当根据当时的具体情况再加揣
量切摩，以求合乎时宜的计谋，从方便
处入手，通过改变自己去迎合国君，这就
是"夫内有不合者，不可施行也，乃揣切
时宜，从便所为，以求其变"。最后，无论
采用何种方式，都要做到像圆环一样灵
活转动，顺应对方情势的变化，使旁人看

不出您想要干什么，"环转因化，莫之所为"。

纵横家捭阖之术，还有"飞钳"之法，即利用赞扬、褒奖的方式，让对方得意飞扬，取得对方的信任，以便于钳制、控制对方。"飞"即"飞扬"，指为对方制造声誉，使之美名远扬，以讨其欢心，得其信任。"钳"即"钳制"，指将对方牢牢地控制住，让他乖乖地为自己服务。

运用"飞钳"术时，要善于揣度人的智谋和测量人的才干，以招揽远近的人才。为此，度权量能，"立势而制事，必先察同异，别是非之语，见内外之辞，知有无之数，决安危之计，定亲疏之事，然后乃权量之"。这就是说，树立权势，要先分析异同、分别是非、决定安危、明辨亲疏等，然后权量比较。"飞钳"之术，重要的是"钳"。要想引诱控制对方，在交谈之时，要忽而表示相同，忽而表示不合，以便了解对方的真情。在任用人才时，可以用金钱、珍宝、珠玉、美女来试探他是否廉洁；或者放出空洞的赞扬之辞，然后研究他话语中的真意，以牢牢控制住他；或者根据他的才能，让其担负某种职位，考察其是否有智谋；或者抓住其弱点错误，进一步进行钳制。"飞钳"成功了，可以牵着对方的鼻子走，使对方"可钳而从，可钳而横，可引而东，可引而西，可引而南，可引而北，可引而反，可引而覆"。

3.揣摩之术

《揣篇》、《摩篇》研究游说的心理战术。"揣"就是揣度对方的真实情况和心里内情。《揣篇》开宗明义："古之善用天下者，必量天下之权，而揣诸侯之情。"就是说，善于统治天下的人，必须衡量天下各种力量的轻重（"量权"），并揣猜诸侯深藏在内心的思想感情（"揣情"）。量权重点在于：权量财物的有无，民众的多少，富余与不足；察辨地形的险易、利弊，计谋的优劣，君臣的亲疏、贤佞；知

悉客卿智慧的高低；观察天象的变化，祸
福吉凶；掌握诸侯间亲疏关系，是否可
利用；了解百姓心理的向背，他们的安全
险恶，他们的好恶爱憎。揣情重点在于：
了解对方情感与欲望的变化，把握"揣
情"的时机。"揣情者，必以其甚喜之时，
往而极其欲也。其有欲也，不能隐其情。
必以其甚惧之时，往而极其恶也，其有恶
也，不能隐其情。情欲必知其变。"就是
说，一个人在大喜、大惧的时候，往往不
能"隐其情"，因而是揣测对方的最好时

机，应想方设法使其进入这种大喜、大惧的状态。"揣情"还可以采取一种"迂回"的方式，找到与其亲近的人去了解。此所谓"感动而不知其变者，乃且错其人勿与语，而更问所亲，知其所安"。此外，要经常深入了解内心隐藏的思想感情。此所谓："夫情变于内者，形见于外。故常必以其见者而知其隐者。"

"摩"就是摩探、刺激对方，使对方的内在心情表现于外。"摩"要遵循隐秘的规则，古代善于摩探的人，就像临深渊

投钩钓鱼，使鱼比较容易上钩。《摩篇》说："圣人谋之于阴，故曰神；成之于阳，故曰明。"圣人的成绩人人都能看到，但人们却不知道这些事情究竟是怎样谋划出来的。摩探的方法各种各样，"其摩者，有以平，有以正，有以喜，有以怒，有以名，有以行，有以廉，有以信，有以利，有以卑"。有以平和进攻的，有用正义责难的，有用娱乐讨好的，有用愤怒激励的，有用名声引诱的，有用行为逼迫的，有用廉洁感化的，有用信誉说服的，有用利益诱惑的，有用谦卑套取的。平和就是镇静，正直就是直率；欢喜就是叫他高兴，发怒就是叫他激动；使用名声是为了启发他，采取行动是为了促成他；讲廉洁是为了保持高洁，讲信用是为了明白真情；讲利益是为了让他追求，讲谦卑是为了迎合对方。摩探要考虑周密，要选择关系紧密、能沟通的人进行游说，"情合者听"，游说成功在于道数与时相偶，把握

规则、技巧和时机的统一。摩探之术，还要做到"摩之以其类，摩之以其欲"。用同类的想法去触摩试探，必然会得到呼应；顺着对方的欲望去触摩试探，必然会使其听从："摩之以其类，焉有不相应者？乃摩之以其欲，焉有不听者？"

《中经》篇也探讨了如何揣摩对方心理，然后采用不同的手段去笼络控制对方。该篇首先阐述了"道贵制人，不贵制于人"的道理，进而指出游说之士的行为方略——应顺应对方的表情举止，以取得他的欢心；通过分析对方的话语，再加以应和，达到彼此感情融洽、语言投机；解除弱小者对自己的仇恨，以减少敌对力量；窥视并抓住对方的把柄；跟善人结合，广泛地施行恩惠；联络离开自己的人，使彼此关系不断；救助处于困境和地位低下的人，使其听从使唤；反过来，这些受到救助的人，定会知恩图报。

4.谋略为上

鬼谷子认为，一个成功的策士在游说之前必须"定计"，"定计"前必须"知情"。《谋篇》开篇即说："凡谋有道，比得其所因，以求其情。"这就是说，凡是计谋都要遵循一定的法度，先要弄清缘由，以探究其实情，根据实情，以制定上、中、下三种策略，比较三种策略，然后确定，就可以谋划出奇妙的计谋，而奇妙之计是所向无敌的，自古到今都是如此。

"知情"的要旨在于掌握对方的隐情，包

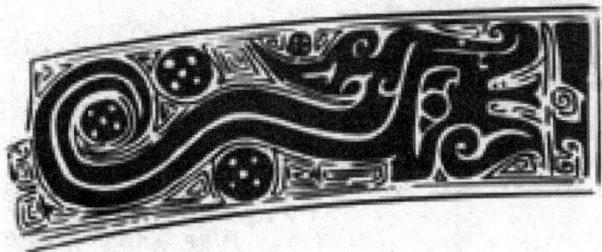

括诸国的政治、经济、军事、外交以及诸
侯间的关系，民心的向背和政治家本人
的心性、能力、品质、憎恶喜怒等，以便
采取正确的策略。

鬼谷子认为，任何计谋的实施都必
须遵循这种程序和规律，《谋篇》对于谋
略程序作了说明："故变生于事，事生谋，
谋生计，计生议，议生说，说生进，进生
退，退生制，因以制于事。故百事一道，
而百度一数也。"即变化是从事件中发生
的，有事态，就要有谋略；要谋略，就必

须计划考虑；计划考虑，就必须商讨议论；商讨议论就产生了游说的言辞；游说是为了实施计谋；发现不完善的地方，再进行修正，经过修正后再进而实施。

《谋篇》对游说中用计施谋的基本原则和常用技巧作了概括："故外亲而内疏者"，说内；"内亲而外疏者"，说外；"故因其疑以变之，因其见以然之，因其说以要之，因其势以成之，因其恶以权之，因其患以斥之；摩而恐之，高而动之，微而证之，符而应之，拥而塞之，乱而惑之，是谓计谋"。这就是说，要随着对方的变化而应变，顺着对方的说法来结交他，顺着对方的形势来成就他，根据对方所厌恶的东西，为他出谋划策。对外表亲近而内心疏远的，要抓住内心进行游说；对内心亲近而外表疏远的，要针对其外部表现进行游说；对有疑问的要消除疑惑改变他的看法；对有见解的要给以肯定；对能说会道的要给以总结；对有势力的要帮助其成功；对有憎恶的人要加以变通；对有忧虑的要帮助排除。

在游说之时，要抓住对方的弱点予以处置："夫仁人轻货，不可诱以利，可使出费；勇士轻难，不可惧以患，可使据危；智者达于数，明于理，不可欺以不诚，可示以道理，可使立功是三才也。故愚者易蔽也，不肖者易惧也，贪者易诱也，是因事而裁之。"如有仁爱之心的人轻视钱财，不能以利益去诱惑，反而要晓以大义，使其拿出钱财，做仁义之事；有勇之士淡视患难，不能以患难去恐吓，应发挥其勇敢，使其守险要之地；有智慧的人精通事理方略，不能以不诚实的方式欺骗他，而要讲道理，使其立功。而愚蠢的人容易蒙蔽，懦弱者容易被吓住，贪婪的人容易被诱惑，要具体事情具体对待。

《谋篇》认为，计谋的运用，公开不如保密，秘密不如结成攻守同盟，这样就不会有破绽。同时，正统的计策不如

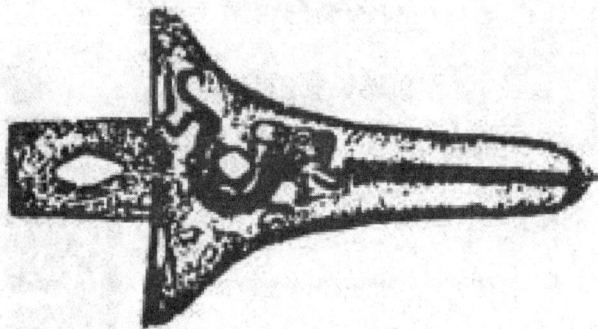

奇谋妙策，奇谋妙策的实施可以无往不胜，"正不如奇，奇流而不止者也。故说人主者，必与之言奇；说人臣者，必与之言私"。出人意料的奇谋是变化不定的，所以游说君主一定要跟他讲奇特的谋略；向人臣游说时，必须与他谈论私情。虽然是亲近的人，但如果说有利于外人的话，就容易疏远。如果外人知道内情太多，就会产生危险，即"其身内，其言外者，疏；其身外，其言深者，危"。《谋篇》说道要顺对方之意，避对方之讳："无以人之近所不欲而强之于人，无以人之所不知而教之于人。人之有好也，学而顺之；人之有恶也，避而讳之。故阴道而阳取之也。"

这就是说，不要把别人不情愿的事强加给他；也不要把别人无法了解的事勉强教导他。别人有什么爱好，要学习仿效，要顺从；别人有什么厌恶，要避开，为他隐讳。《谋篇》还要求隐藏自己的主张和思想，认为圣人的谋略隐蔽，不露声色；愚人的谋略公开，大肆张扬；有智慧的人成事容易，没有智慧的人成事困难。古语也说，天地的造化在于高与深，圣人的治道在于"陷"与"匿"，所以，智慧用在众

人不知道的地方，用在众人看不见的地方。

5.注重言辞修饰

鬼谷子认为，进行游说要注重修饰言辞，使之富于文采和感染力。《权篇》的主旨便是要根据游说对象的特点来反复衡量、修饰游说的言辞，以达到游说的目的。"权"的本义是秤锤，引申为对游说之辞要反复思量，善于变化。《权篇》说："说者，说之也；说之者，资之也。饰言者，假之也；假之者，益损也。应对者，利辞也；利辞也，轻论也。成义者，明之也；明之者，符验也。难言者，却论也；却论者，钓几也。"这就是说，游说的目的是说服对方，而说服的目的则是向对方有所资取，因此，要把握游说的要义："饰言"，修饰言辞，对言辞加以斟酌，有所增减；"应对"，回答应对，需要流利的说辞；"成义"，需要遵循义理，使言语符合事实、经得起考验；"难言"，反驳别人

的意见需要用诘难的言辞，以引诱对方
说出心中隐秘的打算。如此，要善于辨
别和使用各种言辞："佞言者，谄而于忠；
谀言者，博而于智；平言者，决而于勇；戚
言者，权而于信；静言者，反而于胜。"所
谓"谄"，是指预先揣摩对方的意愿，顺
承他的欲望，以博取欢心；所谓"博"，
是指堆砌辞藻，以炫耀自己；所谓"决"，
是指说话时要斩钉截铁，毫不犹豫；所
谓"权"，是指开口说话前要善于选择谋
略；所谓"反"，就是转变到反面，改正原

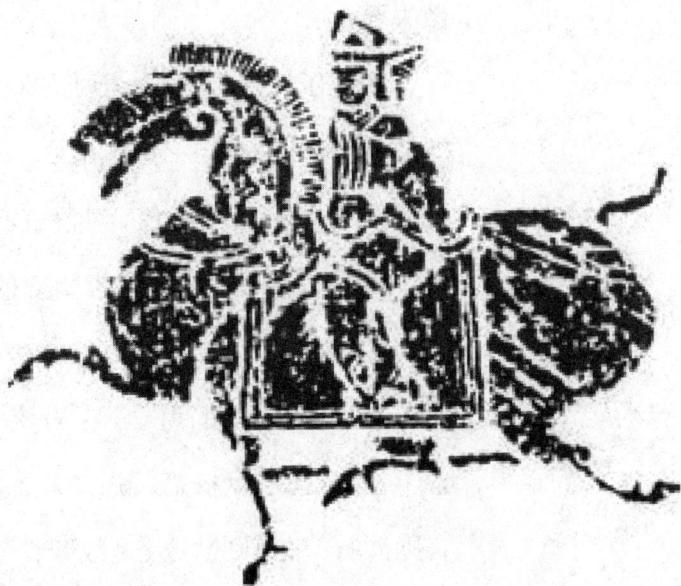

来的不足，堵塞错误，以图胜利。对于言辞的运用，还要避免"病"、"恐"、"忧"、"怒"、"喜"五种弊病。"病"是"感衰气而不神"，即指气势衰弱、神情恍惚而言辞缺乏神采；"恐"是"肠绝而无主"，即指内心惊恐、胆裂肠断而言辞凌乱无主；"忧"是"闭塞而不泄"，即指忧闷抑郁，脑子不清晰而言辞滞涩不畅；"怒"是"妄动而不治"，即指情绪激愤，胡乱行动而言辞不加修饰；"喜"是"宣散而无要"，即指心欢意畅，情灵摇荡而言辞分散失要。

鬼谷子认为，游说之士要认真权衡，严加选择，出言也务必谨慎小心。对没有视力的人不能显示颜色，对没有听力的人不能告诉他音乐，对思想闭塞的人不必理会。总之，说话不要触犯忌讳，更要明白"众口铄金"的道理。在言谈中，要善于扬长避短。《权篇》说："人之情，出言则欲听，举事则欲成。是故智者不用其所短，而用愚人之所长；不用其所拙，而用愚人之所工，故不困也。言其有利者，从其所长也；言其有害者，避其所短也。故介虫之捍也，必以坚厚。螫虫之动也，必以毒螫。故禽兽知用其所长，而谈者知用其用也。"游说者做到扬其所长，避其所短，就能够"出言必见听"而"举事必有成功"。

"权"术的运用，还要根据不同的游说对象而选择不同的态度、方式和内容，"对症下药"。"故与智者言，依于博；与拙者言，依于辨；与辨者言，依于要；与贵者言，依于势；与富者言，依于高；与贫者言，依于利；与贱者言，依于谦；与勇者言，依于敢；与过者言，依于锐。"跟聪明人说话，要显示渊博；跟笨拙的人说话，要清楚易懂；跟能言善辩的人说话，要简单扼要；跟有地位的人说话，要不卑不亢；跟有钱的人说话，要显得高雅廉洁；跟贫穷的人说话，要注意结合实际利益；

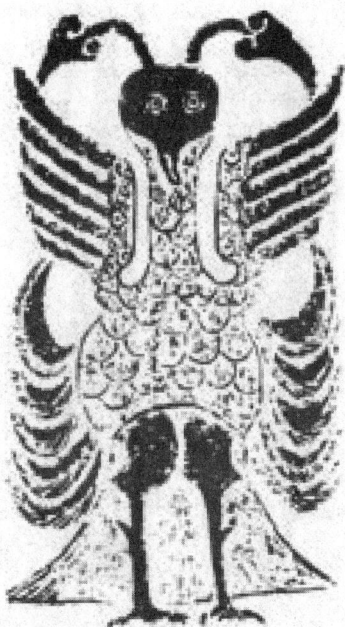

跟地位低的人说话，要谦逊有礼；跟勇敢的人说话，要果敢决断；跟有过失的人说话，要直率尖锐。

6.决断之法

《决篇》讲决断的重要性和决断的原则、技巧。人有疑难，就要做出决断，决断是为了避免灾祸，获得有利的结果，因此决断很重要，"故夫决情定疑，万事之基，以正治乱，决成败，难为者"。决断事情与消除疑虑，是办好各种事务的关键，关系到社会治乱和事业成败，要认真对待。给王公大人谋划事情，如果事情崇高又能获得美好声誉，又能实行，就马上决断；如果不花大力气而容易成功的，就马上决断；如果事情办起来费力气又艰难辛苦，但又不能不做，只要能实行，也要马上决断；能排除祸患的事，只要能实行，就马上决断；能追求到幸福的事，只要能实行，就马上决断。

决断是解决疑难的关键，也是决定

事业成败的关键。因而决断要"趋利避害",善于诱导,消除疑惑和偏颇。《决篇》说:"为人凡决物,必托于疑者。善其用福,恶其有患。害至于诱也,终无惑。偏有利焉,去其利则不受也。奇之所托,若有利于善者;隐托于恶,则不受矣,致疏远。故其有使失利,其有使离害者,此事之失。"决定奇谋的根据,是对方希望获得某种利益,所以游说之时,不要从厌恶方面切入,否则必然招致疏远,造成决断事情的失误。

此外,《鬼谷子》中还具体讨论了游说之士的处世态度,认为要针对社会所出现的各种矛盾与问题而采取相应的手段,必要时,甚至对君主取而代之;选择君主时,一定要事先衡量情况,只要看准哪位君主办事能够成功,计谋相合,就跟他配合,为他谋划大事。但是,自己与一方配合,必然会背离另一方,因此计谋不可能对双方都忠诚:"成于事而合于计

谋,与之为主。合于彼而离于此,计谋不两忠,必有反忤。反于此,忤于彼;忤于此,反于彼。"(《忤合》)这种"计谋不两忠"的思想,为游说之士的"朝秦暮楚"的政治活动提供了依据。同时,要衡量自己的才能智慧,"非至圣人达奥,不能御世;不劳心苦思,不能原事;不悉心见情,不能成名;材质不惠,不能用兵;忠实无真,不能知人"。《符言》篇讲述的是为君之道,认为作为君主要做到善守其位、保持明察、虚心纳谏、赏罚必信、多方咨询、驾驭官吏、通晓事理、洞察奸邪、把握名分九个方面。这实际上是讨论游说之士选择君主的标准。《本经阴符》七篇则着重讨论了游说之士应具备的素质及其修养。前三篇说明如何涵养精神、培养志向、充实思想。后四篇讨论如何将内在的精神运用于外,如何以内在的心神去处理外在的事物。

（三）评价及影响

《鬼谷子》一书推崇权谋策略，讲求名利与进取，因其相当程度上是讲臣下如何对付君主、无权者如何对付有权者、布衣之士如何对付各级长官的办法，教人如何窥测对方的心理，与以儒家为精神圭臬的封建正统观念大相径庭，因而历来经受讥诋者极多。西汉扬雄指责鬼谷术是诈人之术。他在《法言·渊骞》

中说:"或问:'仪、秦学乎鬼谷术,而习乎纵横言,安中国者各有十余年。是夫?'曰:'诈人也,圣人恶诸。'"唐柳宗元认为《鬼谷子》乖戾刻薄,怪谬异常,在《辨鬼谷子》中说:"《鬼谷子》后出,而险盭峭薄。恐其妄言乱世,难信,学者宜其不道。……其言益奇,而道益狭。使人狙狂失守,而易于陷坠。"明宋濂视《鬼谷子》为蛇鼠的雕虫小技,在《鬼谷子辨》中说:"大抵其书皆揣阖、钩钳、揣摩之术。……是皆小夫蛇鼠之智,家用之则家亡，国用之则国债，天下用之则失天下。学士大夫宜唾去不道。"

客观看来，《鬼谷子》一书崇尚智谋权术、变谲辞谈，立论高深幽玄，除饱含谋略机智、论辩技巧之外，还包含丰富的人生哲学、治国治军之道、修身养性等思想内容，在思想领域独树一帜，堪称一部"旷世奇书"。南北朝刘勰在《文心雕龙·论说》中高度评价纵横家，并对《鬼谷子》的《转丸》和《飞钳》作了精到的评论："暨战国争雄，辩士云涌，纵横参谋，长短角势。《转丸》骋其巧辞，《飞

钳》伏其精术。一人之辩，重于九鼎之宝，三寸之舌，强于百万雄师。六印磊落以佩，五都隐赈而封。"宋代高似孙《子略》论《鬼谷子》一书云："《鬼谷子》书，其智谋，其数术，其变谲，其辞谈，盖出于战国诸人之表。夫一捭一阖，《易》之神也；一翕一张，老氏之几也。鬼谷之术，往往有得于捭阖张翕之外，神而明之，益至于自放溃裂而不可御。予尝观诸《阴符》矣，穷天之用，贼人之私，而阴谋诡秘，有《金匮》韬略之所不可赅者，

而《鬼谷子》尽得而泄之，其亦一代之雄乎！"

此外，由于《鬼谷子》一书集中讨论了修辞的定义、内容、作用、目的等问题，因而有研究者又将其视为中国修辞学著作的滥觞。更可贵的是，《鬼谷子》的文本本身就是一个很好的修辞范例，它广泛使用排比、对偶、顶真等修辞方法，铿锵有力，朗朗上口，有力促进了战国时代纵横文风的形成。至汉武帝罢黜百家，纵横学虽然走向衰落，但其慷慨陈词、纵横

恣肆的文风却被继承发扬，影响了一代
又一代的骚客文人，如司马迁、扬雄、苏
洵、苏轼、李白等。

《鬼谷子》立意宏深广博，不断被
后世多角度解读。例如，道教成立不久，
就把《鬼谷子》列为道教的经典而收入
《道藏》。阴阳家不仅挪用《鬼谷子》学
说，并把其中的一些方法，用于相面推命
活动，后来占卜家和算命先生都把鬼谷子
作为祖师爷。同时，《鬼谷子》崇尚权谋，
这与《孙子兵法》等兵家思想不谋而合，
且涉及大量的军事气象学、军事心理学
以及布阵法等，因而也被当做一部兵书。
法家、兵家等借鉴它的权谋、为君、用人

等思想，形成了自己的法术势三位一体的政治理论和虚实权变的军事理论。如今，该书被广泛应用到了政治、军事、外交以及人们的日常生活等领域，并流传到世界各地。凡此种种，都彰显出《鬼谷子》一书在今日的研究价值。

四、"合纵连横"

（一）合纵连横的背景

合纵连横是以战国时期为特定背景的，广义的战国时代指公元前475年—前221年，而实际上具体时间应该是从韩、赵、魏三家分晋开始算起，直到秦始皇统一天下为止，即公元前403 年—前221年。 公元前403年，晋国被韩、赵、魏三家瓜分，东周共主之周威烈王册封了魏、赵、韩三家列位诸侯，各国相继完成改革，相互窥探而伺机攻伐，由此西嬴姓秦国、东田姓齐国、中原三晋（赵国、魏国、韩国）、南芈姓楚国、北姬姓燕国战国七雄对峙局面正式形成。

当时，秦国约占有今陕西关中、汉中和甘肃东南部、四川省大部，东和魏、韩及大荔之戎交界，南和楚、蜀交界，西和獂、绵诸、乌氏等戎国交界，北和义渠、朐衍等戎国交界，国都原在雍（今陕西凤翔东），秦灵公迁都泾阳（今陕西泾阳西北），公元前383年秦献公迁都栎阳（今陕西富平东南），到公元前350年卫鞅第二次变法时，迁到咸阳（今陕西咸阳东北毛王沟到柏家咀一带）。

楚国约占有今湖北全省，河南、安徽、湖南、江苏、浙江的一部分，北面和韩、郑、宋等国接界，东和越接界，西和巴接界，南和百越接界，其国都是郢（今湖北江陵西北纪南城）。

齐国约占有今山东北部，河北南部、

西部和山西东南部，东边靠海，南和越、莒、杞、鲁等国接界，北和燕接境，西和赵、卫交界，国都在临淄（今山东淄博西临淄北）。

燕国约占有今河北北部、辽宁西部、吉林的一部分，东北和东胡接界，西和中山、赵接界，南边靠海，并和齐接界，国都是蓟（今北京西南），燕昭王开始设下都于武阳（今河北易县南）。

赵国约占有今山西北部、中部和河北中部、西南，内蒙古自治区的一部分，东北和东胡、燕接界，东和中山、齐接界，

南和卫、魏、韩接界，北和林胡、楼烦接界，西和魏、韩交错接界，其国都原在晋阳（今山西太原西南），在公元前424年赵献子即位时迁都中牟（今河南鹤壁西），到公元前386年赵敬侯迁都到了邯郸（今河北邯郸）。

魏国约占有今山西南部，河南北部、中部和东部，四周和秦、赵、韩、郑、齐、卫接界，国都原在安邑（今山西夏县西北禹王村），到战国初期，攻得今河南省中部地区后，在公元前361年，便迁都到大梁（今河南开封）。

韩国约占有今河南中部、西部和山西东南部，全境把周包住，西和秦、魏交界，南和楚交界，东南和郑交界，东和宋交界，国都原在平阳（今山西临汾西北），相传韩武子迁都到宜阳（今河南宜阳西），到韩景侯时又迁都阳翟（今河南禹县），公元前375年韩哀侯灭掉郑国，也就迁都到郑（今河南新郑）。

　　战国中后期，经过商鞅变法后的秦国逐渐强大起来，慢慢变成了其余六国的共同威胁。合纵一方，从北到南，即从燕国至楚国连成一条纵线，组成反秦联盟。连横一方，秦利用东方六国的矛盾，使其分别靠拢西方的秦国，从东至西连成一条横线，攻击他国。在这样的形势下，合纵连横的策略正式出现在历史舞台上。

（二）合纵连横的初创

1. 魏、齐徐州相王

　　诸国混战之初，魏国自从魏文侯任用李悝实行变法，日益强盛，成为当时最强大的国家。前357年，魏和韩结盟，解除了魏对韩宅阳（今河南原阳西南）的围攻，归还鳌（在宅阳西南）于韩，次年鲁、卫、宋、韩四国君主入朝于魏。与此同时，齐国由于齐威王进行改革而强大起来，秦

国由于商鞅变法而强大起来，并不断进攻处于四战之地的魏国。

公元前354年，赵国为了兼并土地和扩张势力，进攻卫国，卫国原来是入朝魏国的，当然不是魏国所能允许的，因而魏国就起兵伐赵，率宋、卫联军包围了赵都邯郸。次年，赵向齐求救，齐以田忌为将，孙膑为军师，率军前往救援。齐用孙膑围魏救赵之计，大败魏将庞涓于桂陵。

齐、魏桂陵之战之后，魏国还保持着强盛的声势，准备以朝见周天子为名，召集许多小国举行会盟，图谋攻秦。秦商鞅分析了形势，认为"以一秦而敌大魏，恐不如"，建议用尊魏为王的办法来改变魏惠王的意图。公元前344年，魏惠王听从商鞅的游说，去侯称王。本来，在君主制度下，王是最高的等级称号，如今由于魏的"功大而令行于天下"，居然自称为王了。魏惠王还召集逢泽之会（逢泽在今河南开封南），由宋、卫、邹、鲁等国国君及秦公子少官来参加会盟。商鞅这个计谋，使得韩魏同盟瓦解，引起齐楚不满，魏国进攻的矛头，从秦转变为齐楚，"于是齐楚怒，诸侯奔齐"。

公元前342年，魏国向韩进攻，韩向齐求救。同年，齐、魏军大战于马陵（今山东范县西南），孙膑以"减灶计"诱敌深入，围困魏军。魏军大败，主帅庞涓身亡，太子申被俘。次年，魏国又受齐、秦、赵三国三面进攻。公元前340年，魏、秦交战，魏军又大败，主帅公子卬中计被

俘。不久，彻底放弃安邑，徙都大梁（今河南开封）。魏国迭遭惨败，元气丧尽，西面秦国咄咄逼人，东面齐国不断征伐，为避免两面受敌，魏惠王不得不采用相国惠施"以魏合于齐楚以按兵"、"不如变服折节而朝齐"的建议。公元前336年魏韩二君会见齐威王于东阿（今山东阳谷东北）南，次年又会见于甄（今山东鄄城北），魏韩二君都戴着布冠，变服折节朝见齐威王。公元前334年，惠王率领韩国和一些小国到徐州（今山东滕县东南）朝见齐威王，尊齐威王为王，同时齐威王也承认魏惠王的王号，史称"徐州相王"。自此齐、魏联合，魏国免于与齐为战，颇有连横意味。

徐州相王，这是楚、赵等国所不能容忍的，公元前333年赵侯派兵围攻魏的黄城（今河南内黄西），并修筑长城，防止齐、魏两国的进攻，同时楚威王为了表示对徐州相王的愤怒，亲率大军进围徐州，打败了齐将申缚的军队。

2.秦初连横于魏韩

徐州相王后，秦以魏为"腹心疾"，还是不断攻魏。早在公元前340年，商鞅就为秦孝公制定了"逼魏东徙，据河山之固，东向制诸侯而成王业"的立国方针。公元前333年，魏阴晋人公孙衍入秦，秦以之为大良造，率军攻魏，得阴晋。公元前331年，秦派公子卬和公孙衍率师再与魏战，虏魏将龙贾，斩首八万。次年，秦军败魏军于雕阴（今陕西甘泉南），迫使魏惠王献出河西之地。然而，秦并没有因此而止步。公元前329年，张仪入秦，正好楚威王攻魏，张仪游说秦惠王出兵帮助魏国，于是以新得皮氏的"卒万人、车百乘"支持魏作战，因而魏楚大战，魏打败楚于陉山。秦却趁机又攻占魏国的汾阴（今山西万荣西南）、皮氏（今陕西河津西）、焦（今河南三门峡市西）、曲沃（今三门峡市西南）等地。

公元前328年，秦使公子华与张仪攻取魏的蒲阳（今山西隰县），却请秦王归还给魏，又请秦王使公子爵作为"质子"送到魏国，这是张仪在推行他的连横策略，张仪前往魏国劝说魏惠王"不可以无礼"，魏因而把上郡十五县连同少梁在内献给秦国，秦惠文君因以张仪为"相邦"，把少梁改称为夏阳，魏河西地尽为秦有。同年，秦打败赵将赵疵，取得蔺（今山西离石西）和离石（今山西离石）。次年秦又把焦、曲沃及皮氏归还魏国，张仪进一步推行他的连横策略，并为秦惠文君称王准备。

公元前325年，秦惠文君举行称"王"的仪式，按照齐、魏"会徐州相王"的先例，邀请魏、韩之君入秦朝见，推尊秦君为王，同时秦王也承认魏、韩二君的王号。秦于次年改元，称为更元元年。张仪这样推尊秦惠文君为王，同时又承认魏、韩两君的王号，具有巩固秦与魏、韩连横的作用。

3.五国相王与五国伐秦

当张仪入秦推行连横策略不久，公孙衍（犀首）就离开秦国而入魏为将，因为魏的国力衰退，公孙衍就图谋拉拢别国，联合出击取胜。当时，魏相惠施使魏太子嗣入质于齐，使魏公子高入质于楚。公孙衍为魏将之后又和齐将田朌联合战胜了赵。因此秦相张仪要拉拢齐、楚，破坏公孙衍的合纵策略。公元前323年，张仪与齐、楚大臣在啮桑（今江苏沛县西南）相会，目的在于拉拢齐、楚，防止公孙衍和齐楚合纵。之后，张仪自啮桑返秦，被免去相职，遂来到魏，向魏惠王进献联合秦、韩以伐齐、楚之策，为魏惠王采纳，并任用他为相，惠施被逐走。

在这样的形势下，公孙衍去韩国游说公叔，公叔劝说韩宣惠王派人向魏表示归顺，并归功于公孙衍，魏惠王因此更加信任公孙衍，疏远张仪。为了合纵，公

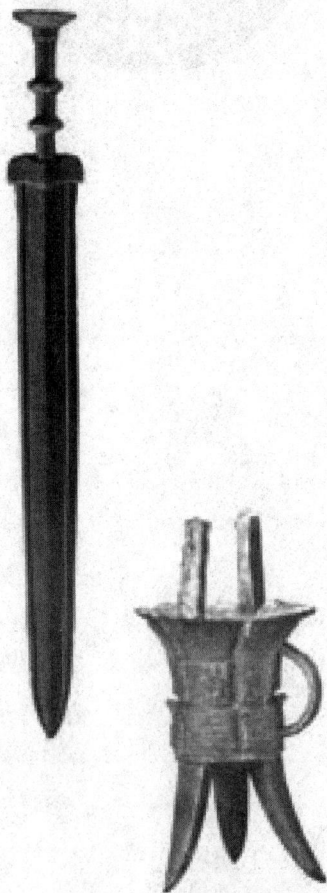

孙衍于公元前323年发起"五国相王"，参加五国相王的是魏、韩、赵、燕、中山，从这年起，赵、燕、中山三国也开始称王了。公孙衍发起五国相王，是想用来和秦国对抗的，但结果没有什么成就。齐国借口中山国小，不承认它有称王资格，想联合魏、赵、燕三国迫使中山废除王号，也没有成功。就在这年，楚国为了迫使魏国投入楚的怀抱，要废立魏的太子嗣，立流亡在楚的魏公子高为太子，派柱国昭阳打败魏军于襄陵，取得了八个邑。次年，秦国又攻取了魏国的曲沃、平周（今山西介休）等地。

公元前322年，秦攻取魏的曲沃（今山西闻喜东北）、平周（今山西介休西）。魏惠王不得不又采用张仪的策略。张仪开始"以秦韩与魏之势伐齐、楚"的行动。公元前320年秦假道韩、魏向齐进攻，齐威王使匡章为将应战，大败秦军。这使张仪的行动受到挫折，使公孙衍合纵的策略得以开展,魏惠王得以重新采用公孙衍合纵的策略。公元前 319年,魏惠王在齐、楚、燕、赵、韩五国支持下,把张仪赶回秦国,让公孙衍为魏相,并让惠施回到魏国,合纵的形势便形成了。

公元前318年,魏、赵、韩、燕、楚五国合纵伐秦,推举楚怀王为纵长。但是实际出兵和秦交战的,只魏、赵、韩三国,攻到函谷关(今河南灵宝北),秦出兵反击,魏受到损失较大,魏使惠施到楚,要和秦讲和,楚国顺随魏国之意,也向秦国求和,五国于是纷纷退兵。次年秦派庶长樗里疾乘胜追击,一直进攻到韩邑修鱼(今河南原阳西南),打败赵公子渴、韩太子奂,韩惨败。公孙衍说义渠曾乘机起兵袭秦,大败秦军,秦国受到义渠牵制,不便再与五国联军交战,遂同意媾和。五国伐秦虽然失败了,但是声势是烜赫一时的。公孙衍和张仪同时,一纵一横,其声势都足以倾动天下。

4.张仪破齐楚之盟

公元前317年，张仪复相秦，秦出兵占领巴蜀全境，延迟东进进程，此后开始觊觎东方。此时，齐国日益强大，齐国和秦国东西对峙，展开了争取其他诸侯国、孤立对方的斗争，而韩、魏、赵、楚、燕等国，则在联秦抗齐和联齐抗秦中摇摆。齐、秦斗争的焦点在于争取楚国。为了破坏楚、齐联盟，公元前313年，张仪出使楚国。张仪向楚怀王鼓吹"连横"，劝楚绝齐从秦，并口头许愿，以归还楚国商於（在今河南淅川县西南）六百里地方为代价。楚怀王信以为真，就和齐国断交。当楚国派人向秦国讨取土地，秦相张仪狡猾地说："我和楚王商定是六里，没听说是六百里。"楚怀王十分恼火，发兵攻秦。秦派魏章、樗里疾、甘茂迎击，韩国又出兵助秦，于次年春天在丹阳（今河南西峡丹水以北地区）大破楚军，楚兵被杀八万人，楚将屈匄被俘，秦攻取楚国的汉中地六百里，在南郑（今陕西汉中）置汉中郡。楚怀王受张仪之骗又遭此惨败，痛愤不已，下令征召全国军队全力攻秦，又在蓝田（今湖北钟祥西北）为秦军所败。韩、魏此时得悉楚国失利，乘机夹击楚国，一直进攻到邓（今湖北襄樊北）。楚国三面受困，只得割让二城于秦，以求和修好。此后，张仪又说服韩、赵、燕与秦连横。

（三）合纵连横的发展

1.齐魏韩合纵攻楚

公元前307年，秦武王因举鼎折断胫骨而死，因为他没有儿子，诸弟就争夺君位。朝廷大臣和惠文后（即惠王后）、武王后等拥立公子壮即位，称为"季君"；而芈八子（楚国贵族出身，后称宣太后）和她的异父长弟魏冉（后封穰侯）则拥立被赵燕两国护送回来的公子稷（秦武

王异母弟、芈八子子）登位，即秦昭襄
王，秦陷入争夺君位的内乱。终于，公元
前306年，秦昭襄王（又称"秦昭王"）即
位。而此时齐、魏、韩、楚等国已结为合
纵同盟。秦安定之后，昭王年少，由宣太
后及魏冉专国政。宣太后和魏冉都是楚
人，就厚赂于楚。公元前305年，楚怀王背
齐而联秦，约为婚姻，秦就来楚"迎妇"
（即昭王后）。次年，楚王和秦王在黄棘
（今河南南阳南）相会结盟，　秦又给楚
上庸（今湖北竹溪东南）。同年，秦攻取

魏的蒲阪（今山西永济西）、晋阳和封陵（永济西南），这三地都是秦、魏间黄河上重要的渡口。同时秦又攻取韩的武遂，这又是韩贯通南北的通道所在。楚国背弃合纵之约而与秦国交好，齐、魏、韩三国决定合兵攻伐楚国。楚因而使太子横入质于秦而请救，秦因而派客卿通率兵来救，三国因而退兵。

公元前302年，入质于秦的楚太子横，因在私斗中杀死了一个秦大夫逃回楚国，因而秦楚关系又变化。这年魏韩二

国又投靠秦国，魏襄王和韩太子婴朝见秦昭襄王于临晋（今陕西大荔东黄河西岸）的应亭，秦把临晋关对岸的蒲阪关归还给魏。公元前301年，经孟尝君倡议，齐国联合宋、韩等国向楚国发动进攻，宋国随齐伐楚。齐将匡章、魏将公孙喜、韩将暴鸢率三国联军攻打楚国方城（环绕在今河南方城西、南、东三面），两军夹沘水列阵，相持六个月之久。三国联军因为不知道沘水深浅，不敢贸然渡河。后来向樵夫打听到"荆人所盛守，尽其浅者也；所简守，皆其深者也"，匡章派精兵在夜间从楚人盛守处渡河发动进攻，结果在沘水旁的垂沙（今河南唐河西南）大败楚军，杀死楚国将领唐蔑（或作唐昧），宛（今河南南阳）、叶（今河南叶县西南）以北的土地也为韩、魏两国所得。此役史称"垂沙之役"，或称"重丘之役"。

公元前299年，秦国以芈戎为将也攻打楚国，攻新城（今河南伊川西南），杀

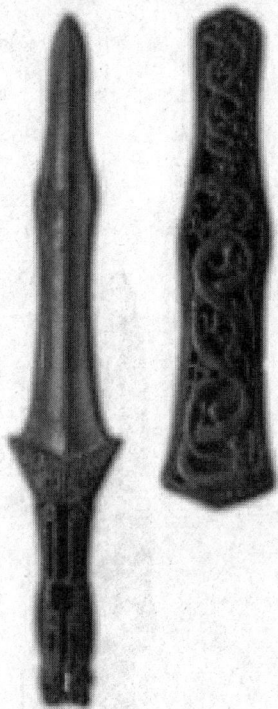

楚将景缺。这时楚受到齐、秦两面进攻，再加上庄骄率众起事，一度攻到楚都郢，楚就出现四分五裂的局面。楚因此向齐求和，送太子横入质于齐。秦为了争取齐国，也使泾阳君入质于齐。这时，秦昭襄王向楚怀王遣书致意，回顾当初结为兄弟、在黄棘（今河南南阳南）结盟、两国关系交往融洽等往事，又解释说，只因楚太子杀死秦大夫后，未道歉就私自逃回，这才兴兵攻楚。为两国交好，愿约楚怀王到武关（今陕西商洛东南的丹江旁）相会结盟订约，说要"力楚攻韩、梁，反楚之故地"。楚国大臣昭雎和屈原都以为"秦虎狼之国不可信"，怀王听从幼子子兰的话前去，入武关就被扣留。秦昭襄王将楚怀王从武关挟持到咸阳，待之如属国臣子，并要挟他割让巫郡（今湖北省清江中、上游和四川省东部）、黔中郡（今湖南省西部和贵州省东北部），楚大臣因此相与计谋，要另立新君以绝秦之要挟，于

是太子横回楚即位为王，是为楚顷襄王。公元前297年，楚怀王图谋逃走未遂，次年病死在秦国。

2.齐魏韩合纵攻秦

自从孟尝君主持齐、韩、魏三国合纵大胜楚军之后，一时声势显赫。秦昭襄王数招之，公元前299年，孟尝君带领门客入秦以质换泾阳君回国。秦昭襄王用其为相，后有策士进言，说孟尝君是齐公族，其相秦可能对齐有利而无益于秦。秦昭襄王生疑欲杀之。孟尝君买通昭王宠姬，借鸡鸣狗盗之士逃出秦境，齐湣王复用之为相。孟尝君怨恨秦人，复合韩、魏之纵亲，联合向秦进攻。自公元前298年至公元前296年，坚持三年，终于攻破函谷关，危及咸阳，秦昭襄王割地求和，归还韩之河东地及武遂（今山西桓曲东南），归还魏河东地及封陵（今山西永济西南），三国军队乃退去。这次战役和上次齐、韩、魏合纵攻楚一样，由齐将匡章

为统帅，这是合纵连横以来秦第一次被关东诸侯攻入函谷关，也是第一次向关东诸侯割地求和。

3.苏秦合纵五国攻秦

公元前296年，秦割地讲和后，韩襄王卒，韩僖王立；魏襄王卒，魏昭王立。秦不甘心失败，借韩、魏国丧，乘机报复。次年，秦昭襄王免楼缓之相，复起用魏冉为相，并派尉错伐魏，取襄城（今河南襄城）。第二年，秦分兵两路攻韩，向寿攻取了武始，白起进攻新城（今河南伊川西南）。在秦的频繁攻伐面前，韩、魏又思谋合纵。但这时齐国主持合纵伐秦的孟尝君田文为齐湣王所忌已被免相。公元前293年，向寿奉命进攻伊阙，初战不利。魏冉荐左更白起代向寿为将。秦军出其不意，集中精锐兵力击破魏的主力，擒杀了魏将公孙喜。"魏军既败，韩军自溃，乘胜逐北"，斩首二十四万，连拔五城，白起于是升为国尉。韩、魏二国

因此大为削弱。这时赵因为推行胡服骑
射和攻取中山、胡地，收编林胡、楼烦的
军队，军事力量大为增强，一时形成秦、
齐、赵三强鼎立的形势。公元前288年，
魏昭王入赵朝见赵惠文王，投入赵的怀
抱。

在秦、齐、赵三强鼎立而斗争的形
势下，秦相魏冉图谋采用和齐连横的策
略，联合五国一举攻灭赵国。秦又自恃国
力强大，与诸侯国同称王号有失其尊，故
又与齐相约，把帝号作为两国国君尊称。
十月，秦昭襄王自称西帝，尊齐湣王为东
帝。当时，秦联合齐的目的是攻伐赵国，
然而，齐主要是想灭宋，从燕国到齐国专
为燕国作反间工作的苏秦，就极力劝齐
湣王去帝号，抛弃伐赵的打算而攻宋。因
为赵国在齐的北边，宋国在齐的南边，秦
齐两强连横攻赵，一旦赵被攻灭，齐必然
对燕不利；齐攻宋就把军力集中到南方，
对燕的威胁就减小。且宋国夹在齐、楚、

魏之间，楚、魏对宋都有野心，齐灭宋必引起楚、魏的干涉。秦国在当时也是保护宋国的，齐攻宋必引起秦的反对，使秦、齐关系破裂。前287年初，齐湣王听信苏秦劝谏，取消帝号，恢复称王，转而攻宋。而秦仍使用帝号，自居于天下诸侯之上，激起各国不满。

赵相奉阳君李兑又出面约赵、齐、燕、韩、魏五国合纵攻秦。齐国是这次"合纵"攻秦的后台，它的目的是打击秦国以便于灭宋。为联合攻秦，齐湣王在称帝后曾与赵惠王在阿地相会，约攻秦事。这时在魏国为相的孟尝君田文，在三晋中很有影响，苏秦劝齐湣王与孟尝君和好，因为"非薛公（即孟尝君田文）之信，莫能合三晋以攻秦"，可见，这次五国合纵攻秦，孟尝君是重要促成人物。然而，五国出兵各有打算，貌合神离，如赵、魏也想争夺宋地。所以，军队行至荥阳、成皋（今河南荥阳东北和西北）便不再前进。同时，为了破坏五国合纵，秦设法离间笼络合纵各国，赵、韩、魏都有所动摇。齐遂派苏秦去游说，五国终于合纵攻秦，迫使秦国废除帝号，并将以前所取占温、轵、高平归还魏国，把先俞归还给赵，与五国媾和。秦国再次遭受重大挫折。齐国却趁机伐宋，夺得一部分土地。而苏秦破坏秦、齐关系，达到了结成反齐联盟的目的。苏秦因这次合纵一时声势煊赫，赵和齐先后都封苏秦为武安君，任以为相。

4.五国合纵破齐

自从齐国攻灭了宋国，兼有宋以前所得的楚淮北地，一时声势很盛，直接威胁到三晋。而秦向视齐为劲敌，如五国合纵摧毁强大的对手，正是秦国求之不得之事，因此发起合纵伐齐，惩罚齐"破宋"的罪行。而燕昭王深恨齐国当初的灭国之仇，也曾和群臣谋划，准备等待齐攻宋而打得疲弱时，进而攻齐。早在苏秦合

纵五国攻秦的时候，赵将韩徐为和魏相孟尝君已经发起合纵攻齐，并曾邀约燕昭王一起攻齐。公元前286年，秦取得魏安邑之后，宣布发动合纵攻齐。秦昭襄王宣称："齐王四与寡人约，四欺寡人，必率天下以攻寡人者三，有齐无秦，无齐有秦，必伐之，必亡之。"公元前285年，秦昭襄王和楚顷襄王在宛相会，又和赵惠文王在中阳（今山西中阳）相会。为了"先出声于天下"，秦国派蒙骜越过韩、魏，开始向齐河东进攻，攻取了九个城。次年秦昭襄王和魏昭王在宜阳相会，又和韩鳌王在新城相会；同年燕国由于赵国的拉拢，燕昭王也入赵会见赵惠文王。五国合纵，共同瓜分齐国之阴谋，可谓是一拍即合。

公元前284年，赵惠文王命乐毅为赵、燕两国的"共相"，并为五国联军的统帅。燕昭王遂任命乐毅为上将军，起倾国之师，与赵、秦、魏、韩等国汇合，军威盛大，号称百万，向齐国展开进攻。齐湣王忙集全国主力，联营列阵于济西，拦截五国联军。乐毅率联军与齐军会战于济水之西，大破齐军，齐军主将阵亡，全军溃散，齐军副将率残部退守国都临淄。齐将达子召集逃亡的齐军士兵，整顿后继续作战，他要求多发赏金以鼓励士气，但齐湣王不予授助。达子率军在秦周（今山东淄博西北）与五国联军交锋时又被打败，达子战死。

两次战役使齐国主力受到重创，不能再与五国联军交战，乐毅遂遣还秦、韩

之军，让魏国取彭城，进攻原宋国故地，
秦军南下攻取定陶，赵国去攻取河间，自
己则率领燕军长驱直入，攻打齐都临淄，
齐湣王逃走。燕军另一路偏师攻略齐南
之地，破齐内长城直插莒城。五国联合
伐齐，秦国攻取原被齐国所占的宋国大邑
定陶（今山东定陶西），魏国攻取大部分
原属宋国的领土，赵国攻取济水以西的
大片土地，连鲁国也乘机攻占齐国的徐州
（今山东滕州东南），南方的楚国原本未
参加合纵攻齐，但此时见齐国必亡之势以
成，诈称援齐，遣军至吕城劫杀齐湣王，
收复淮北之地。至公元前283年初，除了
齐将田单坚持抗战，死守即墨孤城外，齐
国举国之地均被燕、赵、秦、魏、楚五国
瓜分殆尽。后齐将田单虽以火牛阵大破燕
军复国，但齐国经此一劫，元气大伤，丧
失了与秦国抗衡的能力。五国联合伐齐，
是战国时的一场大战，之后，六国之间的
自相残杀愈演愈烈。

（四）合纵连横的衰亡

1.秦攻魏楚

公元前283年，当乐毅破齐之后，原来秦、齐、赵三强鼎立斗争的形势改变，秦就肆无忌惮，调发大军围攻魏都大梁，魏一面组织抵抗，一面向燕、赵求救。秦欲断山东纵亲之腰，东连地于齐，使弱齐不能复动，而赵、燕在北，韩、楚在南，就能图谋天下了。燕、赵明白这一趋势，均

急发兵救魏。秦怕东方各国合纵攻秦,当
赵、燕联合救魏之后,就解围而退兵了。
但秦自此依然不断攻魏。至公元前263
年,二十年中,七次围攻大梁,五次攻入
魏王游乐的梁囿,继而威胁大梁,但都为
赵燕所救。

秦取魏不成,于是,公元前280年,白
起攻赵,取光狼城(今山西高平西),其
后攻赵进展不大。秦转而调整国策,南向
攻楚。为实现这一计划,公元前279年,
秦昭襄王与赵惠文王渑池相会修好结
盟。结盟之后,同年,白起的军队进攻楚
国的鄢(今湖北宜城东南)。楚军死守鄢
城,白起用水灌,溺死城中军民数十万。
次年,攻下楚都郢,焚烧楚王坟墓,楚怀
王迁都于陈(今河南淮阳)。白起得此大
功,被封为武安君。楚春申君黄歇以楚使
入秦游说,他分析,秦大举攻楚,必从本
土越过韩、魏而派兵攻之。若一旦韩、魏
有变,抄其后路,与楚两面夹攻,秦兵危

殆至极。这一番游说，使秦昭襄王同意了楚的连横，转而派兵继续攻魏。

2.魏楚合纵解邯郸之围

五国破齐后，唯赵能与秦抗衡。继承赵武灵王的赵惠文王是个有为的国君，他任用乐毅为相，蔺相如为上卿，廉颇、赵奢为将，对外以理折服强秦，对内整顿税收，使得"国赋太平，民富而府库实"。于是，秦赵展开了拉锯战。公元前273年，魏投入赵的怀抱，赵、魏联合进攻韩的华阳（今河南新郑北），亲秦的韩相公仲朋遣使向秦相魏冉告急求救，魏冉亲率大将白起和胡阳前来救解，大败魏赵联军。公元前269年，因为赵不履行交换城邑的协议，秦国派中更胡阳攻赵。赵国派赵奢前往救援，乘秦军不备，出其不意，大破秦军。秦锋芒大受挫折。

公元前270年，范雎入秦，次年，以"远交近攻"说秦昭襄王。公元前268年，秦昭襄王听从客卿范雎计谋，派五大

夫馆伐魏取怀（今河南武陟西南）。赵、齐、楚三国因此合纵出兵，秦因而暂停对魏的进攻。范雎为秦相后，制定了伐取韩上党的战略。公元前265年，开始大举攻韩，先攻取了少曲和高平，次年派白起攻取了隆城等九城。至公元前262年，秦军完成了对韩国上党（今山西沁河以东地区）的包围，上党郡守冯亭为借赵军抗秦，献上党于赵，引起秦赵在长平（今山西高平西北）大战。起初，赵王命廉颇为

将，廉颇采取固壁不战的策略，坚守长平
三年。公元前260年，赵王中秦反间计，改
任赵括代替廉颇为将。秦将白起利用赵
括只会纸上谈兵而且骄傲轻敌的弱点，
交战时佯败后退，引赵军进入包围圈，切
断赵军退路。赵括被射死，40余万士卒被
白起坑杀于长平，赵国实力由此大为削
弱。

公元前259年，秦昭襄王因赵违约未
割六城，不听白起劝谏，派五大夫王陵
进攻赵都邯郸，秦赵邯郸之战爆发。赵国

上下同仇敌忾，共赴国难，坚守城池。秦军久攻不下，几易其帅，先王陵失利，秦昭襄王使白起代王陵，白起以为"兵出无功，诸侯生心，外救必至"，称病未能行，乃使王龁代王陵伐赵，仍死伤很多而不能攻下。秦王再请白起，白起仍不肯行。范雎于是起用知交郑安平为将军任进攻邯郸的主帅。

到公元前257年，邯郸被围已三年，赵平原君计谋合纵攻秦以救赵。他想在门客中选拔二十名文武双全的随行人员，却只选出十九人。一门客毛遂自荐随往，说："臣乃今日请处囊中耳。使遂早得处囊中，乃脱颖而出，非特其末见而已。"平原君虽疑其能，但用人之际，就带毛遂同去了。这就是"毛遂自荐"。至楚之后，平原君与楚考烈王商议合纵之事，剖言利害关系，自日出至日中不能决。毛遂于是按剑冲上前去，先说在十步之内，楚王的命就掌握在自己手中，接着质问楚王：

"今楚地五千里，持戟百万，此霸王之资也。以楚之强，天下弗能当。白起，小竖子耳，率数万之众，兴师以与楚战，一战而举鄢郢，再战而烧夷陵，三战而辱王之先人。此百世之怨而赵之所羞，而王弗知恶焉。合纵者为楚，非为赵也。"楚考烈王羞愧，"唯唯"答应，"歃血而定纵"，派楚春申君率军十万救赵。

求得楚国帮助后，平原君再求魏援助。魏安釐王派将军晋鄙率十万大军救赵。秦得知，遣使威胁魏安釐王说："诸侯中有敢于救赵者，败赵后首先攻先救赵者。"魏军遂屯于邺下（今河北省临漳县西南）不敢出。不久，魏信陵君通过魏王爱妾窃得魏王虎符，赶赴邺下，带勇士朱亥杀晋鄙，率军援救。这就是"窃符救赵"。楚、魏援军赶至邯郸，与赵军内外夹击，秦军大败，退回河西。秦昭襄王又令白起领兵攻赵。白起始终托病不出。秦昭襄王罢其官爵，白起被迫在杜邮（今

陕西省西安市西北）自杀。赵魏两国夺回部分失地。但是，邯郸之围一解，合纵即告破产，楚国去灭鲁，魏国向东扩展，攻取秦的陶郡，燕见"赵民其壮者皆死于长平，其孤未壮"，企图兼并赵国，燕赵之间开始长期混战。而秦灭西周后，内政不稳，无力东顾。

3.信陵君合纵五国攻秦

公元前249年，秦庄襄王任用吕不韦为相国，继续进行兼并战争，灭都于巩

的东周；秦将蒙骜攻韩，取得韩的成皋、荥阳，连同原先的西周和东周故土，合建成三川郡，魏都大梁直接处在了秦兵的威胁下。信陵君自从窃符救赵、合纵攻秦取得大胜后，尽管魏王"复以信陵奉公子"，还是留居在赵。这时秦将蒙骜正连续攻取三晋之地，势如破竹，因此魏安釐王不得不请信陵君回国主持抗秦的大计。

公元前247年，信陵君回到魏国，被魏安釐王授以上将军印，主持抗秦。于是，信陵君遣策士遍说诸侯，约合纵。这时，赵孝成王听从幸臣建信君主谋与楚、魏合纵抗秦，楚考烈王又听从春申君参与抗秦的计谋，于是以赵、魏、楚三国为主体的五国合纵形势成功（齐没有参与）。信陵君统率五国联军反击秦正在进攻三晋的蒙骜所部。由于信陵君上次合纵攻秦救赵成功，威振天下，击败秦将蒙骜，追至函谷关。次年，秦国以万金行间

于魏，魏安釐王中计，解除了信陵君的兵权，合纵抗秦即随之破产。

4.关东诸侯的最后大合纵

公元前242年，秦蒙骜复大举攻魏，取酸枣（今河南延津西南）、燕（今延津东北）、虚（今延津东）等二十余城，信陵君合纵收复的失地全部丧失。继而秦又夺魏兼并的卫国故土，把所得成皋以东连同卫的濮阳等建为东郡。这样，秦东与齐国直接相连，把韩、赵、魏拦腰截断，对东方各国造成严重威胁。在此种形势下，魏相会赵相于柯（即阿，今山东阳谷东北），谋划合纵之事。次年，赵、楚、魏、燕、韩五国又结成了合纵联盟。这次合纵一开始就矛盾重重，先是齐人拒不参与合纵，使合纵者心存疑虑。魏疑齐捣鬼，故急于与秦讲和。这次合纵由赵主持，遂赵还算坚决。而秦也加紧派策士破坏合纵。赵看清形势，急于派赵将庞煖统率五国联军攻秦，一直打到蕞（今陕西临

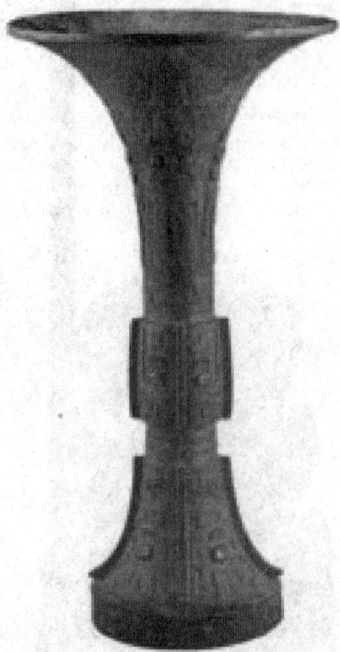

潼东）。但秦国一发兵反击，楚军即闻讯逃跑，其他四国军队也纷纷溃退。从此，合纵抗秦的外交彻底破产，再也无法组织起统一的行动。

5.秦统一全国

公元前238年，嬴政22岁，依制该亲政，但吕不韦把持朝权不放。秦王政先利用嫪毐夺吕不韦大权，免其相，继而平嫪毐之乱，亲自执掌政权，随即出动大军，以摧枯拉朽之势，横扫六国旧势力，史称

秦灭六国。公元前230年，秦王政命内史腾向韩国发起突然进攻，顺利攻入韩都阳翟，俘虏了韩王安，韩国灭亡。公元前229年，秦大举攻赵，王翦率上党兵，攻下井陉，包围邯郸，次年俘虏赵王迁，赵国亡。公元前227年，燕太子丹派荆轲刺杀秦王失败，秦王怒，令王翦、辛胜为将，大举伐燕。公元前222年，秦军俘获燕王喜，燕国遂灭。公元前225年，秦王使李信、蒙恬率兵20万攻楚。秦军败退。秦王于是亲自赴频阳，请求老将王翦为将，王翦大破楚军，并于公元前224年掳获楚王负刍，改楚地郡县，楚亡。公元前225年，秦将王贲攻魏，引河水灌魏都大梁，大梁城坏，魏王投降，秦灭魏。公元前221年，秦国大将王贲从燕地发兵，攻克临淄，俘虏齐王田建，齐国遂亡。至此，七雄并立的局面结束，中国统一大业已成定局，合纵连横自然也就随之结束了。